이토록 아름다운 영어 문장들

이토록

아름다운

영어 문장들

교양과 영어를
한번에 챙기는 영문 필사집

노지양 지음

Prologue

처음에 몇 분으로 시작했는데 점점 15분을 넘기더니, 가끔은 30분이 훌쩍 넘기도 했다. 마치 얼룩이 서서히 면적을 넓혀가며 스며들듯이 그 습관은 나의 가장 소중하고 대체 불가능한 자원을 잠식해갔다.
아침에 일어나자마자, 때로는 잠들기 전까지 짧은 동영상인 릴스나 쇼츠로 누군가의 퇴근 후 일상과 외국인의 요리 동영상과 이미 다섯 번 정도 보았던 코미디언의 유튜브를 빠르게 스크롤했다. 그렇게 한참을 영상 속에서 허우적거리고 나면 질 낮은 음식으로 배만 채운 것처럼 헛헛하고 찜찜했다. 시간뿐만 아니라 나의 일부를 잃어가고 있는 것도 같기도 했다. 다르게 깊이 생각하려 노력하던 나는 사라져갔고, 얼마든지 건져 올릴 수 있다고 자신했던 일상 속 글감도 떠오르지 않았다.
과도한 스크린 타임에 스스로 위기감을 느끼고 강제로라도 조치를 취해야겠다고 생각했던 시점에 이 필사책 작업을 의뢰받아 일을 시작했다. 도서관에서 관련 책을 몇 권 빌렸고, 내가 좋아하는 작가나 작품의 어떤 문장이 가장 유명하고 인용이 많이 되는지부터 찾아봤다. 그러다 잠깐 작업실 밖으로 나가 노트 한 권을 사왔다. 회색 표지에 'Quotes(명언들)'라고 쓴 다음 'Best lines from classic literature(고전 문학 속 명문장)'을 검색해 창을 띄워놓고 사각거리는 소리가 나는 피그먼트 펜으로 한 문장씩 베껴 쓰기 시작했다.

그렇게 세 페이지 정도를 쓰고 난 다음에 경험한 극적인 기분 변화를 어떻게 설명해야 할까? 편백나무가 가득한 숲속 산책로에 들어섰을 때의 상쾌함, 조명 하나만 켜있는 아늑한 서재의 책상에 앉아 있을 때의 고요함이 쇼츠에서 필사로 넘어갔을 때, 스마트폰 대신에 공책과 펜이 손에 들렸을 때 단박에 찾아왔다. 외롭고 혼란스러울 때, 인생을 알고 싶고 더 잘 살아내고 싶을 때마다 책에서 답을 찾던 내가 고전 문학의 문장들 속에서 다시 깨어났다.

"우리가 사랑할 때, 우리는 언제나 더 나은 사람이 되려고 노력한다." 파울로 코엘료의 『연금술사』 중 유명한 문장이다. 영어로는 어떻게 될까? "When we love, we always strives to become better than we are." 아마도 영어 필사의 장점이라면 같은 문장을 두 번 읽어보게 된다는 점이 아닐까 싶다. '노력한다'로 번역된 'strive'라는 단어도 눈여겨보고 다른 우리말 단어를 고민하며 뜻을 곱씹고 입으로도 중얼거리다 보면 어느새 문장이 내 안에 들어와 자리를 잡는다. 번역이 가장 친밀하고 집요한 독서인 것처럼, 영어 필사도 문학과 언어에 한발 더 가깝게 다가가는 방법이라고 믿는다. 고전의 의미와 효용에 대해서 새삼스레 의견을 덧붙이기보다는 이 영문 필사집이 어떤 차별성을 갖고 있는지에 대해서 풀어보고 싶다.

기획 단계부터 장르와 영역을 넓히고자 했고 가능한 같은 작가와 작품이 반복되지 않는 것을 목표로 했다. 문학 분야에서는 소설뿐 아니라 에세이를 여러 편 넣고 시와 희곡은 물론 일기와 편지도 추가했다. 문학을 넘어 오래된 디즈니 애니메이션을 포함한 고전 영화와 정치가의 연설문, 예술가와 철학자 들의 글과 말 중에서 현대에 자주 회자되는 문장들도 찾았다. 스콧 피츠제럴드나 제인 오스틴처럼 유명한 작가들의 경우엔 자주 인용되지 않는 구절을 찾기 위해 노력했고 제임스 에이지처럼 상대적으로 낯선 작가들은 가장 유명한 작품에서 골랐다.

소설이나 시나 에세이는 영미권 작가 위주로 택했지만, 희곡에선 입센과 체호프, 일기와 편지에서는 발자크와 카프카 등 세계적인 문호들을 넣어 다양성을 추구했다. 문학의 경우에는 유명한 한두 문장만 싣지 않고 조금 길어도 한 단락 전체를 원서에서 찾아내 맥락까지 가급적 전달하고자 했다. 명언 같은 경우에는 짧은 문장 여러 개를 나열해 보다 쉽게 필사할 수 있게 했다. 작품과 작가에 대한 설명은 단순한 소개에 그치지 않고 그 문장의 문학사적, 시대적 의미와 번역가로서의 생각이나 고민도 빠뜨리지 않으려 노력했다. 단순한 필사책을 넘어 문화 상식과 교양을 채울 수 있는 책, 내 곁에 오래 두고 참고하고 싶은 책이 되기를 바랐다.

어쩌면 독자들이 알아차릴 가장 큰 차이점은 여성 작가나 연설가의 비율이 상당히 높다는 사실일지도 모르겠다. 다양한 작가와 작품을 소개하고 싶은 욕심도 있었지만, 최근 몇 년간 한국 출판계에서 엘리자베스 개스켈이나 수전 퍼킨스 길먼, 윌라 캐더, 케이트 쇼팽, 앤 브론테 등의 여성 작가들의 작품이 최초로 번역되고 재발굴되고 있다. 따라서 이 책에 여성 작가들의 비율이 높아진 것은 당연하고도 자연스러운 이치이자 흐름이다. 이 여성 작가들의 탁월한 작품 속 참신한 문장을 발견할 때마다 예상치 못한 행운을 만난 것 같았고, 독자들에게 하루 빨리 소개하고 싶다는 마음이 끓어올랐다.

나는 1990년대에는 영문학을 전공하는 대학생이었고, 2000년대 초반까지는 팝 음악을 원없이 들었던 라디오 작가였다. 그 후 20여 년이 넘게 영어책을 한국어로 옮기는 일을 하고 있다. 도서관에서 번역서 다섯 권은 빌려 놓아야 안심이 되는 애서가이자 미국 드라마와 스포츠, 다큐멘터리의 열성팬이기도 하다. 어쩌면 한국에 살지만 영미문화에 무릎까지는 담그고 살았다고 해도 과언이 아닐 텐데, 나의 직업과 취미와 과거의 하루하루가 종합적으로 도움이 된 건 이번 책이 처음인 듯하다.

작가와 문장을 선택하기 위해 내가 이제까지 읽고 번역했던 책들과 보았던 영화와 스포츠가 모두 소재가 되고, 스쳐가며 보았던 책 뒷표지의 단어 하나가 아이디어가 되었다. 왠지 버리지 못하고 이사할 때마다 끌고 다녔던 영문과 시절 전공 서적에서 테네시 윌리엄스의 희곡 대사를 찾아냈고, 번역했던 책 『싱글 레이디스』 덕분에 샬럿 브론테와 엘렌 너시의 우정을 알게 되었으며, 감명 깊게 읽은 여성 작가들의 단편집 『실크 스타킹 한 켤레』에서도 많은 영감을 얻었다. 프리다 칼로 전시회에서 보았던 한 문장을 잊지 못해 다시 검색했고, 넷플릭스 스포츠 다큐멘터리 제목 때문에 연설문을 찾기도 했다.

물론 작업을 하면서 새롭게 발견하고 공부하게 된 작품도 무수히 많다. 빅토리아 시대와 20세기 초반에 시대적 한계를 딛고 왕성한 작품 활동을 했던 여성 시인들의 시를 읽으며 감탄하는 날들이 이어졌다. 친구의 대화 중에 수시로 이렇게 운을 뗐다. "에드나 세인트 밀레이라는 미국 여자 시인이 있는데 말이야." "메리 카사트라는 화가가 이렇게 말했대." 이러다가 누르면 작가나 예술가들의 말이 나오는 명언 자판기가 되는 건 아닐까? 미뤄두었던 에세이 쓰기에 자신감도 붙었다. 작가들의 삶을 매일 살펴보고, 수백 개의 문장을 탐구하며 그중 어떤 작품의 어떤 문장을 최종 선택할지 고민하면서 이 책을 만들기 전과 후의 나는 같지 않으며 앞으로 내가 쓸 글도 달라지리라는 직감이 왔다.

다만 이 행복했던 작업 중에 단 하나 남는 아쉬움은 이 책에 실린 고전 문학이나 에세이와 시집과 희곡을 전부 다 완독하지는 못했다는 점이다. 비타 색빌웨스트도 읽어야 해. 조지 엘리엇의 작품 안에는 훌륭한 문장들이 얼마나 많을까. 헨리 제임스를 한 장씩 넘기면 나는 얼마나 깊어질까. 내 머리 속은 얼마나 좋은 의미에서 복잡해질까. 그 몰입의 시간은 얼마나 달콤할까.

하지만 시간은 늘 부족하다. SNS에 댓글을 남기고 쇼츠를 보고, 예능 볼 시간은 있지만 고전을 읽을 시간은 늘 없다. 그래도 이 책을 펼쳐 하루에 10분에서 15분정도만 책상에 앉아 펜을 들고 문장을 써볼 여유는 있을지도 모른다. 이 책에 담긴 문장들이 다시금 고전 문학의 문을 두드릴 수 있는 계기가 된다면, 번다한 일상에서 작은 휴식이 될 수 있다면, 혹은 영어에 대한 관심까지 불러올 수도 있다면, 큰 보람일 것이다.

오랜 시간 영어를 우리말로 옮기는 일을 해왔고 책과 문학을 사랑하는 마음은 나날이 깊어진다. 한 단락, 한 문장에 울고 웃으며 하루를 무사히 건너고 내일을 기대하며 잠든다. 공허하고 무력해지고 슬픔이 밀려올 때 책을 펼쳐 읽으면 내가 찾던 잃어버린 조각(a missing piece)이 그 안에 있다. 독자들이 문장을 옮겨적을 때 나는 사각사각 펜 소리를 들으며 자신을 잠시라도 일으켜 줄 조각 하나를 찾게 된다면 참으로 기쁠 것이다.

노지양

Prologue × *004*

movie 영화

카사블랑카 × *018* | 로마의 휴일 × *020* | 바람과 함께 사라지다 × *022* |
라임 라이트 × *024* | 욕망이라는 이름의 전차 × *026* | 시민 케인 × *028* |
워터프론트 × *030* | 가라, 항해자여 × *032* | 오즈의 마법사 × *034* | 피터팬 × *036* |
위니 더 푸 × *038*

novel 소설

빌레트 샬럿 브론테 × *042* | 제인 에어 샬럿 브론테 × *044* |
그들의 눈은 신을 보고 있었다 조라 닐 허스턴 × *046* | 북과 남 엘리자베스 개스켈 × *048* |

누런 벽지 샬럿 퍼킨스 길먼 × 050 | 도리언 그레이의 초상 오스카 와일드 × 052 |

나의 안토니아 윌라 캐더 × 054 | 톰 아저씨의 오두막집 해리엇 비처 스토 × 056 |

이성과 감성 제인 오스틴 × 058 | 맨스필드 파크 제인 오스틴 × 060 |

프랑켄슈타인 메리 셸리 × 062 | 1984 조지 오웰 × 064 | 주홍글씨 너새니얼 호손 × 066 |

필경사 바틀비 허먼 멜빌 × 068 | 밤은 부드러워 F. 스콧 피츠제럴드 × 070 |

지킬 박사와 하이드 로버트 루이스 스티븐슨 × 072 | 허클베리 핀의 모험 마크 트웨인 × 074 |

우주 전쟁 H.G. 웰스 × 076 | 메인 스트리트 싱클레어 루이스 × 078 |

소공녀 프랜시스 호지슨 버넷 × 080 | 비밀의 화원 프랜시스 호지슨 버넷 × 082 |

시스터 캐리 시어도어 드라이저 × 084 | 키다리 아저씨 진 웹스터 × 086 |

무기여 잘 있거라 어니스트 헤밍웨이 × 088 | 거울 나라의 앨리스 루이스 캐럴 × 090 |

두 도시 이야기 찰스 디킨스 × 092 | 허영의 시장 윌리엄 메이크피스 새커리 × 094 |

여인의 초상 헨리 제임스 × 096 | 더버빌가의 테스 토머스 하디 × 098 |

작은 아씨들 루이자 메이 올컷 × 100 | 빨강머리 앤 루시 모드 몽고메리 × 102 |

피터 래빗 베아트릭스 포터 × 104 | 기쁨의 집 이디스 워튼 × 106 | 순수의 시대 이디스 워튼 × 108 |

폭풍의 언덕 에밀리 브론테 × 110 | 미들 마치 조지 엘리엇 × 112 | 등대로 버지니아 울프 × 114 |

각성 케이트 쇼팽 × 116 | 뉴잉글랜드 수녀 메리 윌킨스 프리먼 × 118 |

암흑의 핵심 조지프 콘래드 × 120 | 현자의 선물 오 헨리 × 122 | 산딸기 안톤 체호프 × 124 |

싯다르타 헤르만 헤세 × 126 | 안나 카레니나 레프 톨스토이 × 128 |

몬테크리스토 백작 알렉상드르 뒤마 × 130

essay 에세이

자기만의 방 버지니아 울프 × 134 | 어느 영국인 아편 중독자의 고백 토마스 드 퀸시 × 136 |

여가 존 러벅 × 138 | 지적 생활 필립 길버트 해머튼 × 140 | 블랙 보이 리처드 라이트 × 142 |

월든 헨리 데이비드 소로우 × 144 | 나는 왜 쓰는가 조지 오웰 × 146 |

19세기 여성 마거릿 풀러 × 148 | 삶의 리듬 앨리스 메이넬 × 150 | 퇴직한 사나이 찰스 램 × 152 |

정통주의 G. K. 체스터튼 × 154 | 신조 잭 런던 × 156 | 여자도 인간인가? 도로시 세이어스 × 158 |

서적광의 해부 홀브룩 잭슨 × 160 | 1915년 녹스빌, 여름 제임스 에이지 × 162 |

렐릭 맥스 비어봄 × 164 | 헨리 라이크로프트의 수상록 조지 기싱 × 166 |

걷는 여자 메리 헌터 오스틴 × 168 | 파리는 날마다 축제 어니스트 헤밍웨이 × 170 |

self-help 자기계발

자립 랄프 왈도 에머슨 × 174 | 생각의 지혜 제임스 앨런 × 176 |

인간 관계론 데일 카네기 × 178 | 자서전 벤저민 프랭클린 × 180 |

자조론 새뮤얼 스마일스 × 182

play 희곡

바냐 아저씨 안톤 체호프 × *186* | 밤으로의 긴 여로 유진 오닐 × *188* | 인형의 집 헨리크 입센 × *190* |

피그말리온 조지 버나드 쇼 × *192* | 악마의 제자 조지 버나드 쇼 × *194* |

이상적인 남편 오스카 와일드 × *196* | 사소한 것들 수전 글래스펠 × *198* |

맥베스 셰익스피어 × *200* | 템페스트 셰익스피어 × *202*

poem 시

화살과 노래 헨리 워즈워스 롱펠로 × *206* |

그 좋은 밤으로 순순히 들어가지 마세요 딜런 토머스 × *208* |

희망은 날개 달린 것 에밀리 디킨슨 × *210* | 첫 번째 무화과 에드나 세인트 밀레이 × *212* |

누가 바람을 보았을까? 크리스티나 로제티 × *214* | 하늘의 융단 윌리엄 버틀러 예이츠 × *216* |

아이들의 울음 소리 엘리자베스 배럿 브라우닝 × *218* | 좁은 길 앤 브론테 × *220* |

자기연민 데이비드 허버트 로렌스 × *222* | 나의 노래 월트 휘트먼 × *224* |

내가 스물하고 하나였을 때 A. E. 하우스먼 × *226* |

부드러운 비가 내릴 것이다 사라 티즈데일 × *228* | 10년 에이미 로웰 × *230*

speech 연설

노벨문학상 수상 연설 셀마 라게를뢰프 × 234 | 1939년 은퇴 연설 루 게릭 × 236 |
서인도제도 노예 해방 연설 프레더릭 더글러스 × 238 | 인권 선언문 엘리너 루즈벨트 × 240 |
시민권에 대하여 시어도어 루즈벨트 × 242 | 대통령 취임 연설 프랭클린 D. 루즈벨트 × 244 |
투표하는 것이 범죄입니까? 수전 B. 앤서니 × 246 | 자아의 고독 엘리자베스 캐디 스탠턴 × 248 |
나는 여자가 아닙니까 소저너 트루스 × 250 | 노벨문학상 수상 연설 윌리엄 포크너 × 252 |
젊은이들에게 보내는 충고 마크 트웨인 × 254 | 파이니스트아워 연설 윈스턴 처칠 × 256

words of artists 예술가들의 말

조르주 상드 × 260 | 프리다 칼로 × 262 | 시도니 가브리엘 콜레트 × 264 |
이사도라 덩컨 × 266 | 앙리 마티스 × 268 | 메리 카사트 × 270 | 거트루드 스타인 × 272 |
프랭크 로이드 라이트 × 274 | 오노레 드 발자크 × 276 | 미켈란젤로 × 278 |
요한 볼프강 폰 괴테 × 280 | 앙드레 지드 × 282 | 클라라 슈만 × 284

words of philosophers 철학자들의 말

중력과 은총 시몬 베유 × 288 | 심리학의 원리 윌리엄 제임스 × 290 |

실천이성비판 이마누엘 칸트 × 292 | 자유론 존 스튜어트 밀 × 294 | 국부론 애덤 스미스 × 296 |

수상록 아르투어 쇼펜하우어 × 298 | 나의 교육 신조 존 듀이 × 300

diary 일기

안네 프랑크의 일기 × 304 |

루이자 메이 올컷의 일기 × 306 | 버지니아 울프의 일기 × 308 |

헨리 데이비드 소로우의 일기 × 310 | 프란츠 카프카의 일기 × 312 |

캐서린 맨스필드의 일기와 노트 × 314 | 쥘 르나르의 일기 × 316 |

letter 편지

캐서린 맨스필드의 편지 × 320 | 비타 색빌웨스트의 편지 × 322 |

샬럿 브론테의 편지 × 324 | 베토벤의 편지 × 326 | 세라 오언 주잇의 편지 × 328 |

프란츠 카프카의 편지 × 330 | 빈센트 반 고흐의 편지 × 332 | 귀스타브 플로베르의 편지 × 334 |

라이너 마리아 릴케의 편지 × 336 | 제인 오스틴의 편지 × 338

movie

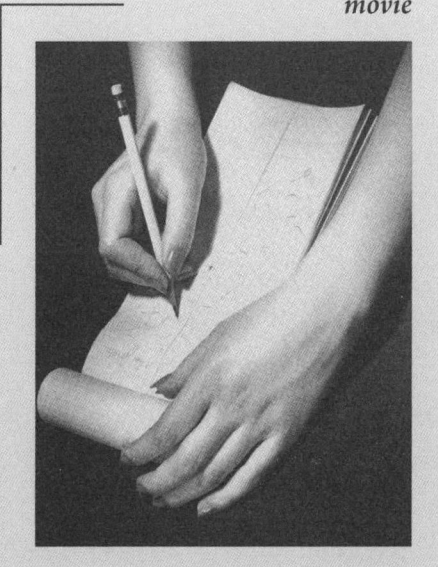

영화 °

카사블랑카 *movie*

Of all the gin joints in all the towns in all the world, she walks into mine.
이 세상 수많은 도시의 그 많고 많은 술집 중에서 그녀가 나의 술집에 들어오다니.

Here's looking at you kid.
당신의 눈동자에 건배.

We will always have Paris.
우리에겐 언제나 파리가 있을 테니까요.

I think this is the beginning of a beautiful friendship.
루이스, 이건 아름다운 우정의 시작이라 생각하네.

고전 영화 〈카사블랑카〉(1942)의 대사들은 미국 문화 전반에 너무나 깊숙하고 친숙하게 자리하고 있다. 그래서 수많은 오마주와 패러디를 양산했고, 여기저기서 수시로 인용되곤 한다. 이를테면 〈섹스 앤더 시티〉에서 샬럿이 해리와 다시 만나는 장면에서 해리는 "뉴욕의 그 많고 많은 시나고그 중에서 그녀가 나의 시나고그에 들어오다니"라고 말하는데, 이 영화 대사의 패러디다.

"당신의 눈동자에 건배.(Here's looking at you kid.)"라는 대사는 주연 배우 험프리 보가트의 애드립이었는데, 영화 제작자가 마음에 들어서 대본에 세 번이나 넣었다고 한다. 성공적인 의역의 대표적인 사례로 거론되는 이 대사는 원래 "당신을 위해 건배" 정도의 뜻이지만, 영화의 낭만적인 분위기를 잘 전달하고 있어 이제 다른 번역은 상상할 수 없게 되었다.

로마의 휴일 *movie*

Dr. Bonnachoven The best thing I know is to do exactly what you wish for a while.
제가 아는 한 가장 좋은 건 그동안 마음 속에 담아뒀던 바로 그걸 하는 거죠.

Joe Bradley Tell you what. Why don't we do all those things, together?

Princess Ann But don't you have to work?

Joe Bradley Work? No. Today's gonna be a holiday.

조 우리 해보고 싶었던 것들 다 해보면 어떻습니까?

앤 공주 그런데 오늘 일해야 하지 않으세요?

조 일이요? 아뇨. 오늘은 휴일이 될 거예요.

〈로마의 휴일〉(1953)은 윌리엄 와일러 감독의 세련된 연출과 첫 주연임에도 불구하고 자연스러운 연기를 선보인 오드리 햅번에 힘입어 전 세계적인 사랑을 받았다. 제26회 아카데미상 여우주연상과 각본상 그리고 의상상 수상작이다.
첫 번째 대사는 앤 공주를 치료했던 의사가 한 말이다. 그의 이 조언이 계기가 되어 앤 공주가 궁전을 빠져나가 모험을 하게 된다. 이 영화의 테마를 잘 전달하고 있기도 하다.
위의 대사 외에도 앤 공주가 브래들리의 방에 들어갔을 때 비몽사몽 중에 "여기가 어디죠? 엘리베이터인가요?"라고 묻자 "제 아파트입니다."하는 대사라든가 "저 밤새 혼자 있었나요?" "날 빼면 그렇긴 하죠" 등 주인공 두 사이에서 오가는 재치 있는 대화에 오드리 햅번의 귀여운 매력이 더해져 언제나 웃음을 선사한다.

바람과 함께 사라지다   movie

Scarlett   Rhett, Rhett... Rhett, if you go, where shall I go? What shall I do?

Rhett Butler   Frankly, my dear, I don't give a damn.

스칼렛   레트, 레트. 당신이 가버리면 나는 어디로 가요? 나는 어떻게 해요.

레트 버틀러   솔직히 말해 내 알 바 아니오.

After all tomorrow is another day.

내일은 내일의 태양이 뜰 거야.

영화 〈바람과 함께 사라지다(Gone with the Wind)〉(1939)의 마지막 장면에서 레트 버틀러의 대사 "Frankly, my dear, I don't give a damn."은 미국영화연구소(AFI)가 뽑은 명대사 1위에 꼽힌다. 아마도 이 강렬하고 파격적인 한 문장에 냉소적 결단, 상처와 실망, 피로감, 해방감이 모두 담겨 있기 때문일 것이다. 유명한 만큼 자주 패러디되는데, 이를테면 『frankly my dear, I am gay』라는 제목의 책도 있고, 컵이나 티셔츠 문구로도 볼 수 있다. 마거릿 미첼의 원작에도 나와 있는 'damn'이라는 단어가 불경스럽다는 이유로 1930년대에 검열 기준인 헤이스코드에 맞지 않아 논쟁이 되었으나 원작을 살리고 싶었던 제작자 데이비스 셀즈닉이 예외 규정을 들어 허가 받고 5,000달러의 벌금을 물었던 일화로도 유명하다.

"내일은 내일의 태양이 뜰 거야."는 영문학자이자 번역문학가였던 고 장왕록 교수가 옮긴 문장이다. 일본에서는 "내일은 내일의 바람이 불 거야."로 번역되었다고 한다.

라임 라이트 *movie*

Life can be wonderful if you're not afraid of it. All it takes is courage, imagination… and a little dough.
쓸데 없는 두려움만 없다면 인생은 너무나 멋지지. 우리에게 필요한 건 용기, 상상력… 그리고 약간의 돈이지.

What do you want meaning for? Life is a desire, not a meaning. Desire is the theme of all life! It makes a rose want to be a rose and want to grow like that. And a rock want to contain itself and remain like that.
의미에서 무엇을 찾으려고 해? 인생은 의미가 아니라 욕망이야. 욕망이 모든 삶의 테마라고. 욕망이 장미를 장미가 되고 싶게 하고, 장미처럼 피어나고 싶게 하는 거야. 바위가 바위처럼 자기 안에 갇혀 그 모습 그대로 있으려 하고.

That's all any of us are: amateurs. We don't live long enough to be anything else.
우리 모두가 바로 그거지, 아마추어. 우리는 아마추어 외의 무언가가 될 정도로 오래 살지 못해.

유성 영화 〈라임라이트(Limelight)〉(1952)는 찰리 채플린이 63세에 만든 영화로, 실질적인 그의 마지막 작품이다. 불러주는 곳 하나 없는 왕년의 코미디언 칼베로는 1층에 사는 발레리나 테리를 자살 시도에서 구하고, 칼베로의 도움과 지지로 테리는 발레리나로 성공한다. 몇 달 후 칼베로는 테리가 마련해준 마지막 공연을 마치고 무대 뒤에서 테리를 보면서 눈을 감는다. 위의 대사 모두 칼베로가 하는 말이기도 하다.

'dough'는 본래는 빵 반죽을 의미하는 단어인데, 돈을 뜻하는 속어로 쓰이기도 한다. 'roll in dough'는 '돈이 넘쳐난다' '돈방석에 앉다'는 비유적 표현으로 사용된다.

욕망이라는 이름의 전차 *movie*

Blanche
: Straight? What's 'straight'? A line can be straight, or a street. But the heart of a human being? but the human heart, oh, no, it's curved like a road through mountains.

블랑쉬
: 곧다고요? 뭐가 곧다는 거죠? 선은 곧을 수 있고, 거리도 곧을 수 있죠. 하지만 인간의 마음이요? 마음은 다르잖아요. 인간의 마음은… 그건 산길처럼 구불구불하잖아요.

Blanche
: I don't want realism. I want magic! Yes, yes, magic. I try to give that to people. I do misrepresent things. I don't tell truths. I tell what ought to be truth.

블랑쉬
: 나는 리얼리즘을 원치 않아. 마법을 원해! 그래, 마법 말이야. 난 사람들에게 그걸 주고 싶어. 나는 세상을 잘못 이해하지. 난 진실을 말하지 않아. 진실이어야 할 것 같은 걸 말해.

Blanche
: Whoever you are, I have always depended on the kindness of strangers.

블랑쉬
: 당신이 누구신지는 모르겠지만 나는 언제나 낯선 사람들의 친절에 의지해왔어요.

〈욕망이라는 이름의 전차(A Streetcar Named Desire)〉(1951)는 극작가 테네시 윌리엄스 희곡을 원작으로 한 영화다. 연극은 1947년에 브로드웨이에서 초연되었으며, 이듬해인 1948년에 퓰리처상을 수상했다. 우리나라에서는 시인 박인환이 번역하고 명동예술극장에서 공연되었다.

여러 가지 흥미로운 뒷이야기가 있는데 당시 실제로 뉴올리언스의 전차 노선 중에 '욕망 라인(Desire line)'이라는 이름의 전차가 있었으나 작품의 초연되던 시기에 폐선되었다고 한다. 데뷔한 지 1년밖에 안 됐던 신인 배우 말런 브랜도가 놀라운 연기를 선보였지만, 그를 뺀 주연 배우 세 명이 아카데미상 연기상을 받았다. 브랜도는 이후 〈워터프론트〉를 통해서 최연소 아카데미 남우주연상을 받는다.

비비안 리가 연기한 블랑쉬의 대사들은 현실과는 유리된 채 허상만 좇은 캐릭터 블랑쉬 드부아의 특성을 잘 반영하고 있다. 마지막 대사는 정신병원에서 의사에게 하는 말이다.

시민 케인

movie

Kane

> You know, Mr. Bernstein, if I hadn't been very rich, I might have been a really great man.

케인

번스타인씨, 내가 이렇게 부자가 아니었다면 훌륭한 인간이 될 수도 있었을지도 모르죠.

Mr. Bernstein

> Old age. It's the only disease, Mr. Thompson, that you don't look forward to being cured of.

번스타인

톰슨씨, 늙는다는 건 말이죠… 치유를 기대할 수 없는 유일한 병입니다.

Jedediah Leland

> I can remember everything. That's my curse, young man. It's the greatest curse that's ever been inflicted on the human race: Memory.

제디다이아 릴랜드

난 모든 걸 기억합니다. 그게 내 저주예요, 젊은이. 인류에게 내려진 가장 큰 저주죠. 기억력 말입니다.

오손 웰스 감독의 1941년 영화 〈시민 케인(Citizen Kane)〉 미국 영화사상 가장 위대한 작품으로 꼽힌다. 언론 재벌인 찰스 포스터 케인이 사망하자 제리 톰슨 기자가 케인이 죽기 전에 남긴 '로즈버드'라는 말의 의미를 찾기 위해 그의 생애를 추적한다는 이야기다. 케인 주변의 수많은 사람을 만났지만 마지막까지 미스터리를 밝히지 못하고 인간에 대한 연민만을 느낀다. 마지막 장면에서 케인의 남은 물건들을 태울 때, 어렸을 때 타던 작은 썰매가 보이고, 그 썰매에 '로즈버드'라는 글자가 적혀 있는 것을 발견한다. 미국식 성공의 이면에 놓인 공허함이라는 주제도 훌륭하지만 파격적인 편집과 서사 구조를 도입해 많은 영화인의 교과서로 여겨졌다.

워터프론트 *movie*

Terry You don't understand. I coulda had class. I coulda been a contender. I coulda been somebody, instead of a bum, which is what I am, let's face it. It was you, Charley.

테리 형은 이해 못해. 나도 클래스가 있을 수 있었어. 나도 유망한 선수가 될 수 있었어. 누군가가 될 수 있었다고. 지금 같은 쓰레기 인생 말고. 형 때문이야, 찰리.

Father Barry You want to know what's wrong with our waterfront? It's the love of a lousy buck. It's making love of a buck -the cushy job- more important than the love of man!

베리 신부 워터프론트에서 뭐가 잘못됐냐고요. 다들 더러운 돈을 미치게 사랑한다는 거죠. 돈과 편한 자리가 사람에 대한 사랑보다 더 중요해져 버렸습니다.

Terry Conscience… that stuff can drive you nuts!

테리 양심이란게… 그게 너를 돌아버리게 만들지.

Terry You don't buy me. You don't own me.

테리 당신은 날 살 수 없어. 날 소유할 수 없다고.

〈워터프론트(On the Waterfront)〉(1954)는 엘리아 카잔 감독, 말런 브랜도 주연의 영화로 1955년 제27회 아카데미 시상식에서 12개 부문 후보, 8개 부문 수상이라는 압도적인 성과를 거두었다. 각본가 버드 슐버그가 실제 부두 내부고발자들의 인터뷰와 실화를 바탕으로 집필한 작품이다.

테리는 과거 촉망받는 권투선수였지만, 형 찰리와 범죄 조직의 압력으로 일부러 경기를 져주고 몰락한다. "나도 누군가가(somebody)가 될 수 있었다. 나도 유망했다(contender)"는 대사는 지금까지도 많은 사람들의 심금을 울리는 데 누구나 느낄 수 있는 인생에 대한 회한과 말런 브랜도의 메소드 연기가 결합하면서 잊을 수 없는 인상을 남기기 때문일 것이다.

가라, 항해자여 *movie*

Charlotte Vale — Oh, Jerry, don't let's ask for the moon. We have the stars.

샬럿 베일 — 제리, 우리 달을 갖겠다고 애쓰지 말아요. 우리에겐 별이 있잖아요.

Jerry Durrance — If I were free, there would be only one thing I'd want to do - prove you're not immune to happiness.

제리 듀런스 — 내가 자유의 몸이라면 하고 싶은 건 오직 하나에요. 당신이 행복에 면역되어 있지는 않다는 사실을 증명하고 싶습니다.

1942년 개봉한 〈가라 항해자여(Now, Voyager)〉는 어빙 래퍼가 감독을 맡고 베티 데이비스가 주연을 한 미국 영화로 완성도 높은 고전 멜로드라마로 평가받는다. 샬럿 베일은 보스턴의 상류층 집안의 억압적인 어머니 밑에서 자라 자존감이 무너져 있다가 요양원에서 회복된 후, 크루즈 여행을 떠나면서 자유롭고 성숙한 여성으로 변모한다. 불행한 결혼 생활을 하는 제리를 만나 사랑에 빠지지만, 현실적인 제약 때문에 함께하지 못하는 운명을 받아들인다.

오즈의 마법사 *movie*

Toto, I've a feeling we're not in Kansas anymore.
토토, 여기는 더 이상 캔자스가 아닌 것 같아.

You've always had the power my dear, you just had to learn it yourself.
너에게는 원래부터 힘이 있었단다. 그 사실을 스스로 배우기만 하면 돼.

What Makes A King Out Of A Slave? Courage!
노예를 왕이 되게 만드는 것 무엇? 용기!

A Heart Is Not Judged By How Much You Love, But How Much You Are Loved By Others
마음의 크기란 네가 얼마나 사랑하느냐가 아니라 다른 사람들에게 얼마나 사랑을 받았는지로 정해질 수도 있어.

영화 〈오즈의 마법사(The Wizard of Oz)〉(1939)의 영향력은 상상할 수 없을 정도로 크다. 영화의 많은 장면이나 대사가 문학, 대중문화에서 일상에서 수시로 인용되기 때문이다. 따라서 중요한 문장들의 맥락을 알고 있으면 이해가 훨씬 빠를 수 있다. 첫 번째 대사는 "이곳은 더 이상 우리에게 익숙하고 편한 곳이 아니다."라는 말의 대체어가 되었다. 두 번째 대사는 착한 마녀 글린다가 도로시에게 하는 대사다. 도로시가 사실은 구두만 부딪치면 다시 돌아갈 수 있었다는 사실을 말하며 우리가 애타게 찾고 있는 진실은 이미 갖고 있었을지 모른다는 교훈을 준다. 세 번째 대사는 겁쟁이 사자가 하는 대사로 이 뒤에 "무엇이 돛대 위의 깃발을 휘날리게 하는가? 용기! 무엇이 스핑크스를 일곱 번째 불가사의로 만드는가? 용기!" 등 혼자 질문과 답을 주고받는 대사가 이어진다. 네 번째는 오즈의 마법사가 심장을 원하는 양철 나무꾼에게 하는 말로 주변 사람들의 사랑을 받고 있으니 심장 자체가 중요한 것은 아니라고 말하는 장면에서 나온다.

피터팬 *movie*

The second star to the right and straight on 'til morning.
오른쪽으로 두 번째 별이 보이면, 아침이 올 때까지 그 별만 따라가.

Now, think of the happiest things. It's the same as having wings.
널 가장 행복하게 하는 걸 떠올려 봐. 그건 이미 날개를 가진 것과 마찬가지야.

All you need is faith, trust… and a little bit of pixie dust!
필요한 건 믿음, 신뢰… 그리고 아주 조금의 요정 가루야!

Wendy, one girl is more use than twenty boys.
웬디, 한 명의 여자 아이 하나가 남자 아이 스무 명보다 나은 걸.

1904년에 출간된 제임스 매튜 베리의 원작 소설 『피터팬』과 1953년에 나온 동명의 디즈니 애니메이션의 대사가 약간씩 다르다. 첫 번째 대사는 네버랜드로 찾아가는 길을 알려줄 때 피터팬이 하는 말인데 원작에서는 star 없이 "Second to the right"로 되어 있다. 그러나 영화에서의 대사가 더 알려져 있고 영화 〈스타트랙 6〉에서 커크 선장의 대사로도 사용되었다. 두 번째 문장은 OST 중에 노래 "You Can Fly! You Can Fly! You Can Fly!"의 가사 중 일부다. 세 번째 대사 역시 원작에는 없고 애니메이션에만 나오는데, 이게 유명해져서 디즈니의 캐치프레이즈가 되었다. 마지막 문장은 원작에서도 중요하게 등장하는 문장으로 피터가 웬디를 네버랜드로 데려가며 하는 말이다.

위니 더 푸   *movie*

Any day spent with you is my favorite day.
너와 함께 보내면 그 어떤 날이건 내가 가장 좋아하는 날이야.

The things that make me different are the things that make me.
나를 다르게 만드는 것들이 나를 만드는 것들이야.

You can't stay in your corner of the Forest waiting for others to come to you. You have to go to them sometimes.
너는 숲 구석에 숨어서 다른 사람이 다가오기만을 기다릴 수는 없어. 가끔은 네가 그들에게 다가가야 해.

If you live to be a hundred, I want to live to be a hundred minus one day so I never have to live a day without you.
만약 네가 100살까지 산다면 나는 100년에서 하루 더 적은 날을 살고 싶어. 그러면 네가 없는 하루를 살지 않아도 되잖아.

『위니 더 푸』(1926)는 성인 희곡과 수필 작가였던 앨런 A. A. 밀른(Alan Alexander Milne, 1882-1956)이 아들을 위해 쓴 시와 이야기다. 1928년까지 네 권의 시리즈로 완성되었는데, 대표적인 캐릭터인 돼지 피글렛과 호랑이 티거, 당나귀 이요르 그리고 부엉이 아울과 토끼 래빗 등은 모두 실제로 아들 크리스토퍼 로빈이 가지고 놀던 장난감이었다. 첫 번째와 두 번째 문장은 1966년의 디즈니 영화에서 각색된 대사이고, 세 번째와 네 번째 문장은 원작에 직접 등장하는 문장이다.

novel

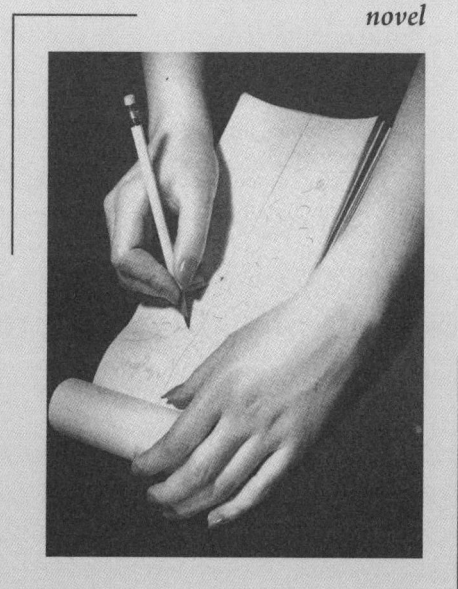

소설°

빌레트 샬럿 브론테 *novel*

When I recall the tranquil, and even happy mood in which I passed those hours, and remember, at the same time, the position in which I was placed: its hazardous- some would have said its hopeless- character; I feel that, as 'Stone walls do not a prison make/Nor iron bars a cage' so peril, loneliness, an uncertain future, are not oppressive evils, so long as the frame is healthy and the faculties are employed; so long, especially, as Liberty lends us her wings, and Hope guides us by her star.

그 시절 나의 고요했던, 심지어 행복하기까지 했던 마음 상태를 떠올리고 동시에 그때 내가 처했던 상황이 어땠는지를 기억한다. 위태롭고 불안하여 누구라도 절망적이라고 할 만한 상황이었다. 하지만 그때 나는 이렇게 느꼈던 것이다. '돌담벽이 감옥을 만들지 않고 쇠창살이 새장을 만들지 않듯이' 우리에게 닥쳐오는 위기, 외로움, 불확실한 미래가 우리를 억압하는 절대 악이 될 수는 없다고. 나의 신체가 건강하고 정신이 온전히 기능한다면, 그에 더해 우리에게 날개를 달아주는 자유가 있고, 우리를 별빛으로 인도해주는 희망이라는 것이 있다면 반드시 불행하지만은 않을 수 있다.

샬럿 브론테(Charlotte Brontë, 1816-1855)의 『제인 에어』(1847)에 비해 상대적으로 덜 알려진 소설 『빌레트(Villette)』(1853) 의 주인공 루시 스노우는 제인 에어와 비슷하게 집도 절도 의지할 사람도 없는 젊은 여성이다. 제인 에어가 위기에 처했을 때 "내가 더 고독할 수록, 친구가 없을 수록, 세상에서 지지 받지 못할 수록, 나를 돌보고 존중할 것이다."라고 말한 것처럼 루시 스노우 역시 어려운 처지에 절망만 하지 않고 높은 자존감과 의지력으로 극복해나간다. '돌담벽이 감옥을 만들지 않고'는 17세기 영국 시인 리처드 러브레이스(Richard Lovelace, 1617-1657)가 쓴 〈감옥에서 앨시어에게(To Althea, from prison)〉라는 시의 한 구절이다. 그가 감옥에 수감되었을 때 쓴 시로 현대에도 여러 문학작품에서 인용되고 있다.

제인 에어 샬럿 브론테 novel

"I am old enough to be your father, and that I have battled through a varied experience with many men of many nations, and roamed over half the globe, while you have lived quietly with one set of people in one house?"
"I don't think, sir, you have a right to command me, merely because you are older than I, or because you have seen more of the world than I have; your claim to superiority depends on the use you have made of your time and experience."

"나는 아가씨의 아버지뻘은 되는 나이인 데다가 그 세월 동안 여러 나라의 수많은 사람들을 만나면서 갖가지 경험을 했고, 지구의 반은 여행했어요. 아가씨가 같은 집에서 같은 사람들하고 조용히 살아오는 동안 말이죠."
"하지만 선생님, 저보다 나이가 많으시다거나, 세상 경험이 풍부하다는 이유만으로 제게 명령할 권리가 있다고는 생각하지 않습니다. 저보다 우위에 있다고 주장하고 싶으셔도 지난 시간과 경험을 어떻게 사용했는지에 달려 있지 그 자체가 근거가 될 순 없어요."

『제인 에어(Jane Eyre)』(1847) 14장에 등장하는 대사로 로체스터가 자신의 연륜과 세상 경험을 들어 우위에 서려고 하자, 제인이 그에 전혀 주눅 들지 않고 인격적 평등을 주장하는 장면이다. 이 대답에 순간적으로 놀란 로체스터는 자신이 시간과 경험을 잘 활용한 것은 아니며 앞으로 우위에 대해서는 문제 삼지 않겠다고 말한다. 작품 전체에 나타나는 제인 에어의 독립성과 자기 존엄과 평등 사상이 잘 드러나는 대사이자, 나이가 많다고 무조건 존중을 바라는 상대에게 지금도 통할 만한 논리적인 반박이다.

그들의 눈은 신을 보고 있었다 조라 닐 허스턴

novel

There are years that ask questions and years that answer. Janie had had no chance to know things, so she had to ask. Did marriage end the cosmic loneliness of the unmated? Did marriage compel love like the sun the day…?
She knew now that marriage did not make love. Janie's first dream was dead, so she became a woman.

질문을 하는 해가 있고, 질문에 답을 하는 해가 있다. 세상을 제대로 알 기회가 없던 재니는 묻지 않을 수 없었다. 결혼이란 외로운 영혼들의 우주적인 고독을 저절로 사라지게 하는 것일까? 태양이 아침을 불러오듯 결혼이 사랑을 불러올 수 있을까…?
그녀는 결혼이 사랑을 만들어내지는 않는다는 것을 알았다. 재니의 첫번째 꿈은 죽었다. 그렇게 그녀는 여자가 되었다.

할렘 르세상스 시대의 작가 조라 닐 허스턴(Zora Neale Hurston, 1891-1960)이 1937년에 출간한 『그들의 눈은 신을 보고 있었다(Their Eyes Were Watching God)』는 주체적인 흑인 여성을 주인공으로 내세운 최초의 소설이다. 인종주의의 단면들을 사유할 수 있는 소수 문학이자 보편적인 호소력을 지닌 절절한 사랑 이야기이면서 자기 탐색의 서사다. 이 소설에서 가장 인용이 많이 되는 문장인 '질문을 하는 해가 있고 답을 하는 해가 있다'는 3장의 처음에 등장한다. 어머니를 여의고 할머니의 손에 자란 재니는 할머니의 끈질긴 부탁에 재산은 있지만 나이가 많은 남성과 결혼하지만 얼마 가지 않아 결혼이 사랑을 불러오지는 않는다는 것을 깨닫는다. 이후부터 재니가 더 넓은 세상으로 떠나 진정한 사랑을 만나는 여정이 본격적으로 시작된다.

북과 남 엘리자베스 개스켈

novel

This marring of the peace of home, by long hours of discontent, was what Margaret was unprepared for. She knew, and had rather revelled in the idea, that she should have to give up many luxuries, which had only been troubles and trammels to her freedom in Harley Street. Her keen enjoyment of every sensuous pleasure was balanced finely, if not overbalanced, by her conscious pride in being able to do without them all, if need were. But the cloud never comes in that quarter of the horizon from which we watch for it.

길게 이어지는 작은 불만이 가정의 평화를 깨트릴 수도 있다는 건, 마거릿이 결단코 예상하지 못한 바였다. 마거릿은 자신이 누렸던 안락하고 사치스러운 생활을 포기해야 한다는 사실은 알았고 그 생각에 자못 기쁨을 느끼기도 했다. 때로는 여유와 사치가 하틀리가에서 그녀의 자유를 방해하고 구속하는 원인이 될 때도 있었기 때문이었다. 그녀는 모든 감각적인 즐거움을 즐길 수 있었지만, 필요하다면 그것들 없이도 지낼 수 있다는 사실에 의식적인 자부심이 있었고 덕분에 과하지 않은, 적당한 균형을 이룰 수 있었다. 하지만 구름이란 우리가 줄곧 지켜보고 있던 수평선 근처에서는 절대 피어오르지 않는 법이었다.

『북과 남(North and South)』(1854)을 쓴 엘리자베스 개스켈(Elizabeth Gaskell, 1810-1865)은 빅토리아 시대 영국의 여성 소설가이자 전기 작가로 샬럿 브론테의 전기를 썼고 고딕 소설과 사회 소설에서 두각을 보였다. 제인 오스틴과 비교되지만 빅토리아 시대의 계급 갈등과 사회상을 보다 더 직접적으로 다루고 있다. 『북과 남』『아내와 딸들』(1866) 등의 작품이 BBC에서 드라마로 제작되었다. 우리나라에서는 2020년 이후부터 여러 편의 고딕 소설과 장편 소설이 번역되고 있다.

발췌한 구절은 『북과 남』에서 주인공 마거릿의 심리를 묘사하는 부분이다. '구름은 우리가 기대한 곳에서 생기지 않는다.'라는 마지막 문장은 인생의 사건과 문제는 예상치 못한 곳에서 터질 수 있다는 의미로 종종 인용된다.

누런 벽지 샬럿 퍼킨스 길먼

novel

I really have discovered something at last. Through watching so much at night, when it changes so, I have finally found out. The front pattern does move — and no wonder! The woman behind shakes it! Sometimes I think there are a great many women behind, and sometimes only one, and she crawls around fast, and her crawling shakes it all over. Then in the very ' bright spots she keeps still, and in the very shady spots she just takes hold of the bars and shakes them hard. And she is all the time trying to climb through. But nobody could climb through that pattern - it strangles so.

마침내 무언가를 발견했다. 밤마다 벽지가 변하는 모습을 지켜보다가 드디어 찾아낸 것이다. 앞쪽 패턴이 정말 움직인다. 당연하지, 그 뒤에 있는 여자가 흔들고 있으니까. 가끔은 그 뒤에 여자들이 아주 많은 것도 같고 한 명처럼 보일 때도 있다. 그 여자는 하도 빠른 속도로 기어다녀서 그 움직임 때문에 전체 무늬가 흔들린다. 그 여자는 밝은 부분으로 가면 꼼짝 않고 있다가 어두운 부분으로 가면 창살을 붙들고 세차게 흔들어 댄다. 여자는 언제나 창살 사이의 틈을 비집고 나오려 애쓴다. 그러나 저 패턴 속을 뚫고 나올 사람은 한 명도 없을 거야. 나오다 목이 졸릴 테니까.

미국 코네티컷주에서 태어난 샬럿 퍼킨스 길먼(Charlotte Perkins Gilman, 1860-1935)은 미술 교사로 일하다가 화가인 남편과 결혼하고 딸을 낳았다. 하지만 불행하게도 산후우울증과 신경쇠약으로 요양원에 입원하는데, 이 경험이 대표작이자 페미니즘 소설의 고전인 『누런 벽지(The Yellow Wallpaper)』(1892)에 그대로 녹아 있다. 남편과 이혼 후 여성 운동가이자 강연가로 일하면서 『내가 깨어났을 때』(1911)와 『허랜드』(1915) 등을 비롯해 여러 장편 소설을 썼다.

이 부분은 정신 병원에서 누런 벽지를 보며 그 뒤에 여자가 있다고 하는 장면인데, 벽지 뒤의 여자가 패턴을 뚫고 나오려는 몸부림, 그러나 목이 졸릴까 봐 나오지 못한다는 묘사가 여성에 대한 억압을 상징하고 있다.

도리언 그레이의 초상 오스카 와일드

novel

Those who find ugly meanings in beautiful things are corrupt without being charming. This is a fault. Those who find beautiful meanings in beautiful things are the cultivated. For these there is hope. They are the elect to whom beautiful things mean only Beauty.
There is no such thing as a moral or an immoral book. Books are well written, or badly written. That is all.

아름다운 것에서 추한 의미를 찾아내는 사람은 매력 없이 타락한 자다. 이것은 명백한 잘못이다. 아름다운 것에서 아름다운 의미를 찾아내는 사람이야말로 교양 있는 사람이다. 이들에게 희망이 있다. 그들은 선택받은 사람들로, 그들에게 아름다운 것들은 아름다움만을 의미한다.
이 세상에 도덕적인 책이나 부도덕한 책은 없다. 책이란 잘 쓴 책, 잘 쓰지 못한 책, 이 둘 중 하나가 있을 뿐이다.

오스카 와일드(Oscar Wilde, 1854-1900)의 『도리언 그레이의 초상(The Picture of Dorian Gray)』은 1890년대 문예지에 발표했다가 1891년에 20장으로 분량을 추가하여 단행본으로 출간되었다. 인간의 젊음과 아름다움, 쾌락에 대한 집착과 그 뒤에 숨은 도덕적 공허 그리고 붕괴를 그리는 작품으로, 여러 차례 영화와 드라마로도 제작되었다. 현대의 독자들에게는 필사하고 싶은 문장들로 가득한 심리 소설이자 철학 소설로 사랑받고 있다. 이 문장이 담긴 서문은 '예술지상주의(Art for arts' sake)'의 선언문처럼 여겨지고 있다.

나의 안토니아 윌라 캐더

novel

I was something that lay under the sun and felt it, like the pumpkins, and I did not want to be anything more. I was entirely happy.
Perhaps we feel like that when we die and become a part of something entire—whether it is sun and air, or goodness and knowledge.
At any rate, that is happiness; to be dissolved into something complete and great.
When it comes to one, it comes as naturally as sleep.

나는 해를 받으며 누워 있는 어떤 사물이었고 마치 늙은 호박처럼 느껴졌다. 문득 그 이상이 되고 싶지 않다는 생각이 들었다. 그 자체로 완전하게 행복했으니.
어쩌면 우리가 죽어 태양이나 공기, 선함이나 지식과 같이 완전한 어떤 것의 일부가 되면 이런 느낌이지 않을까 싶다.
어찌 보면 그런 게 바로 행복이리라. 무언가 완전하고 위대한 것 안으로 스며들어가는 행복. 그런 행복은 마치 잠이 스르르 오듯 자연스럽게 다가올 것이다.
어찌 보면 이것이 바로 행복일지 모르겠다. 무언가 완전하고 위대한 것 속에 완전히 녹아드는 느낌. 그건 마치 잠이 스르르 오듯이 자연스럽게 다가올 것이다.

미국 버지니아주에서 태어난 소설가 윌라 캐더(Willa Cather, 1873-1947)는 열 살 때 네브래스카주로 이주해 그곳에서 성장했다. 대학을 졸업한 다음에는 교사와 잡지 편집 등을 하다가 전업 작가가 되었다. 『나의 안토니아(My Antonia)』(1918) 『오 개척자들』(1913) 등의 작품을 발표했고, 『우리 중 하나』(1922)로 1923년에 퓰리처상을 받았다. '햇빛 아래 누워 있는 호박처럼 행복하다'처럼 재미있는 표현이나, 완전한 행복을 느끼는 순간은 잠처럼 자연스럽게 찾아올 것이라는 문장은 단순하고 소박하고 우아한 윌라 캐더의 문학 세계를 엿볼 수 있다.

톰 아저씨의 오두막집 해리엇 비처 스토

novel

The longest way must have its close, the gloomiest night will wear on to a morning. An eternal, inexorable lapse of moments is ever hurrying the day of the evil to an eternal night, and the night of the just to an eternal day. We have walked with our humble friend thus far in the valley of slavery; first through flowery fields of ease and indulgence, then through heart-breaking separations from all that man holds dear….

The morning-star now stands over the tops of the mountains, and gales and breezes, not of earth, show that the gates of day are unclosing.

가장 먼 길에도 마침내 끝이 있고, 가장 어두운 밤도 언젠가는 아침을 맞이하리니. 영원히 흐르는, 거스를 수 없는 순간들은 악인의 날을 영원한 밤으로 만들고 의로운 이의 밤을 영원한 낮으로 재촉한다. 지금까지 우리의 겸손한 친구와 함께 이 노예의 골짜기를 걸어왔다. 처음에는 안락과 향락의 꽃길을 지나고, 그 다음에는 모든 인간들이 소중히 여기는 모든 것과의 가슴 아픈 이별을 겪었다….

이제 샛별이 산마루 위에 떠 있고, 세상 것이 아닌 바람과 미풍이 불어와, 날이 밝아올 문이 열리고 있음을 알리고 있다.

해리엇 비처 스토(Harriet Beecher Stowe, 1811-1896) 하면 링컨 대통령이 백악관에 초대해 "이 위대한 전쟁을 일으킨 책을 쓴 그 작은 여인이 바로 당신이군요."라고 말했다는 일화가 가장 먼저 연상된다. 『톰 아저씨의 오두막(Uncle Tom's Cabin)』(1852)은 첫 해에 미국에서만 약 30만 부가 팔렸다. 19세기 후반까지 미국에서 성경 다음으로 많이 판매된 책이었다고 하니 이 소설의 영향력이 얼마나 컸는지 짐작할 수 있을 것이다.

발췌한 문장은 40장에 톰이 죽기 전에 톰의 일생을 장중하게 이야기하는 대목이다. '노예제의 골짜기(valley of slavery)'나 '새벽별(morning star)'과 같은 표현은 종교적 색채를 드러낸다. 특히 첫 번째 문장은 고난 끝에 찾아오는 행복이나 자유를 이야기할 때 자주 언급된다.

이성과 감성 제인 오스틴

novel

"You have no ambition, I well know. Your wishes are all moderate."

"As moderate as those of the rest of the world, I believe. I wish, as well as everybody else, to be perfectly happy; but, like everybody else, it must be in my own way. Greatness will not make me so."

"Strange that it would!" cried Marianne. "What have wealth or grandeur to do with happiness?"

"Grandeur has but little," said Elinor, "but wealth has much to do with it."

"자네는 야망이 없군. 그건 잘 알고 있지. 당신의 소망은 참 소박하네."

"사실 세상 많은 사람들의 소망도 소박하다고 생각합니다. 저도 그 사람들처럼 완전하게 행복해지고 싶답니다. 하지만 다른 사람들과 마찬가지로, 반드시 제 방식으로 행복해졌으면 합니다. 제가 명성을 얻는다고 해서 행복해질 것 같지는 않습니다."

"그렇다면 이상한 일이 아닐까!" 메리앤이 외쳤다. "부나 위세가 행복과 무슨 상관이라는 거지?"

"위세는 별로 상관이 없어." 엘리너가 말했다. "하지만 부는 행복과 깊은 관련이 있긴 해."

제인 오스틴(Jane Austen, 1775-1817)의 『이성과 감성(Sense and Sensibility)』(1811) 17장의 에드워드 페러스가 대시우드 집을 방문해 세 모녀와 담소를 나누는 장면이다. 처음에는 대시우드 부인과 이야기를 나누다가 메리앤과 엘리너도 대화에 자연스레 참여한다.

짧은 대화 속에서도 인물들의 성격이 또렷하게 드러난다. 에드워드는 야망보다는 소박하고 안정된 행복을 바라는 인물이고, 돈과 행복의 관계를 단호히 부정하는 메리앤은 여느 때처럼 감성적이다. 반면 엘리너는 차분하고 이성적인 태도를 유지한다. 1995년 동명의 영화에서 에드워드는 휴 그랜트, 엘리너는 엠마 톰슨, 메리앤은 케이트 윈즐릿이 각각 연기했다.

맨스필드 파크 제인 오스틴   *novel*

"I advise! You know very well what is right."
"Yes. When you give me your opinion, I always know what is right. Your judgment is my rule of right."
"Oh, no! do not say so. We have all a better guide in ourselves, if we would attend to it, than any other person can be."

"제가 조언이라니요. 무엇이 옳은지 잘 아시면서요."
"예. 당신이 의견을 나눠주실 때면 무엇이 옳은지 알게 됩니다. 당신의 판단은 제 옳고 그름의 기준이거든요."
"어머, 아니에요! 그런 말씀하지 마세요. 우리 안에는 그 어떤 타인보다도 날 잘 인도해줄 훌륭한 길잡이가 이미 있는 걸요. 내면의 소리에 귀를 기울이기만 한다면요."

제인 오스틴의 『맨스필드 파크(Mansfield Park)』(1814)는 가난한 소녀 패니 프라이스가 부유한 친척집 맨스필드 파크에 입양되어 겪는 성장담이다. 외롭게 자라지만 자신만의 가치관은 확고한 패니가 맨스필드 파크에 방문한 크로포드 남매와 만나면서 얼키고 설킨 로맨스가 생긴다.
이 부분은 헨리 크로포드와 패니의 대화다. 헨리 크로포드가 패니에게 잘 보이려는 의도에서 그녀의 조언이 소중하다고 말하는데, 훗날 그의 청혼도 거절하는 페니는 타인보다 우리 안에 더 훌륭한 가이드가 있는 법이라고 현명하게 대답한다.

프랑켄슈타인 메리 셸리

novel

Remember that I am thy creature. I ought to be thy Adam, but I am rather the fallen angel, whom thou drivest from joy for no misdeed. Everywhere I see bliss, from which I alone am irrevocably excluded. I was benevolent and good; misery made me a fiend. Make me happy, and I shall again be virtuous.

기억하라, 나는 그대의 피조물이다. 그대의 아담이 되었어야 했으나 타락한 천사가 되었지. 나는 아무 잘못도 없이 기쁨에서 내쫓겨버렸어. 내 눈에는 어디서나 환희가 비치지만, 오직 나만이 그 안에 들어가지 못하지. 나도 원래 선하고 착한 존재였어. 그러나 불행이 나를 괴물로 만들었다. 나를 행복하게 해봐. 그러면 다시 선한 존재가 될 것이니.

메리 셸리(Mary Shelley, 1797-1851)의 『프랑켄슈타인(Frankenstein)』(1818) 이야기를 할 때는 1816년의 '무여름의 해(Year Without a Summer)'라는 시대적 배경이 항상 언급된다. 인도네시아 탐보라 화산이 폭발하면서 유럽의 기온이 급격히 떨어지고, 날씨가 음울하고 비가 많이 왔던 '검은 여름'에 메리 셸리는 연인 퍼시 비시 셸리, 친구 바이런 경(Lord Byron), 의사 존 폴리도리, 등과 함께 스위스 제네바 근교의 빌라에서 머물다가 무서운 이야기를 하나씩 쓰자고 제안했는데,하고 그때 나온 이야기가 『프랑켄슈타인』이다. 메리 셸리의 어머니는 여성의 권리 옹호를 쓴 메리 울프턴스래프트다.
위의 문장은 프랑켄슈타인과 그의 피조물이 대치하는 극적인 부분으로 '타락한 천사(fallen angel)'라든가 불행이 자신을 괴물로 만들었다는 고독한 반영웅 서사에서 자주 인용된다.

1984 조지 오웰　　　　　　　　　　　　　　　　novel

Heavy physical work, the care of home and children, petty quarrels with neighbors, films, football, beer, and above all, gambling filled up the horizon of their minds. To keep them in control was not difficult…. All that was required of them was a primitive patriotism which could be appealed to whenever it was necessary to make them accept longer working hours or shorter rations. And when they became discontented, as they sometimes did, their discontentment led nowhere, because being without general ideas, they could only focus it on petty specific grievances.

그들의 의식을 가득 채우고 있는 것은 고된 육체 노동, 가사와 양육에 대한 걱정, 이웃과의 사소한 말다툼, 영화, 축구, 맥주, 그리고 무엇보다도 도박이다. 그들을 통제하는 것은 어렵지 않았다…. 그들에게 요구되는 것은 노동 시간을 늘리거나 배급을 줄이려 할 때 받아들일 수 있도록 필요할 때마다 이용할 수 있는 원시적인 애국심 뿐이었다. 그들은 가끔씩 불만을 터뜨릴 때도 있었지만, 전체적인 상황을 이해하고 있지 못했기 때문에 그 불만은 해소되지 못하고 지극히 사소하고 구체적인 것들만 연연해했다.

조지 오웰(George Orwell, 1903-1950)의 『1984』는 1949년에 출간된 디스토피아 소설이지만, 21세기인 지금에도 여전히 강력한 경고의 의미를 지니고 있다. 빅브라더는 이제 현대 테크 기업이 되었고, 이중사고는 '가짜 뉴스'와 직결되며 권력의 가장 무서운 측면은 인간의 사고를 통제하는 것이라는 사실을 다시 한번 환기시킨다.

이 대목은 소설 속에서 '프롤(프로레타리아)'이라 불리는 노동자의 일상과 사고방식을 묘사하는 부분이다. 1980년에 우리나라에서도 시행됐던 소위 3S정책이 연상되기도 하고, '원시적인 애국심'이라는 단어는 현대의 정치적 상황과도 크게 동떨어지지 않은 듯하다.

주홍글씨 너새니얼 호손

novel

The stigma gone, Hester heaved a long, deep sigh, in which the burden of shame and anguish departed from her spirit. O exquisite relief! She had not known the weight until she felt the freedom! By another impulse, she took off the formal cap that confined her hair, and down it fell upon her shoulders, dark and rich, with at once a shadow and a light in its abundance, and imparting the charm of softness to her features.

낙인이 사라지자, 헤스터는 길고 깊은 한숨을 내쉬었다. 그 한숨 속에서 부끄러움과 고통의 짐이 영혼에서 풀려나갔다. 아, 형언할 수 없는 해방감이여! 그녀는 자유를 느끼기 전까지 그 무게를 알지 못했었다. 또 다른 충동적인 기분에 머리칼을 가두고 있던 단정한 모자를 벗어던졌고 짙고 윤기 나는 풍성한 머리카락이 어깨 위로 흘러내렸다. 그 머리카락은 한편으로는 그림자, 빛이 되어 그녀의 이목구비에 부드러운 매력을 더해주었다

너새니얼 호손(Nathaniel Hawthorne, 1804-1864)의 『주홍글씨(The Scarlet Letter)』(1850) 중 18장이다. 헤스터와 딤즈데일이 숲에서 만나고 보스턴을 떠나 유럽에서 새 삶을 시작하자고 하면서 가슴의 A자 주홍글씨를 벗어버리는 장면으로, 자유를 느낀 다음에야 자신을 짓눌렀던 짐의 무게를 깨달았다는 문장은 핀터레스트 이미지에서도 자주 찾아볼 수 있다. 또한 머리카락이 그림자이자 빛이 되어 얼굴을 감싼다는 묘사가 매우 문학적이고 아름답기도 하다.

우리나라에서도 '주홍글씨'가 낙인으로 쓰이는 것처럼 영어에서도 'scarlet letter'는 낙인의 표현으로 자주 쓰인다. '스티그마 효과(stigma effect)'란 부정적인 낙인을 찍으면 실제로 그 대상이 점점 부정적으로 변해가는 현상을 말한다.

필경사 바틀비 허먼 멜빌

novel

"I would prefer not to," he said, and gently disappeared behind the screen.
For a few moments I was turned into a pillar of salt, standing at the head of my seated column of clerks. Recovering myself, I advanced towards the screen, and demanded the reason for such extraordinary conduct.
"Why do you refuse?"
"I would prefer not to."

"하지 않는 편을 택하겠습니다." 그는 그렇게 말하고는 조용히 칸막이 뒤로 사라졌다.
나는 잠시 동안, 앉아 있는 필경사들의 줄 맨 앞에 서서 소금 기둥처럼 얼어붙었다. 정신을 가다듬고 칸막이 쪽으로 다가가, 이런 기이한 행동을 하는 이유를 물었다.
"왜 거절하는 거지?"
"하지 않는 편을 택하겠습니다."

뉴욕의 중산층 가정에서 태어난 허먼 멜빌(Herman Melville, 1819-1891)은 아버지의 사업 실패로 정규 교육을 받지 못하고 선원 생활을 한다. 그 경험을 바탕으로 『백경』(1851)을 썼지만, 상업적으로 실패하고 만다. 생계를 위해 잡지에 연재한 단편이 아마도 미국 문학에서 가장 유명한 문장이라고 할 수 있는 "하고 싶지 않습니다"가 반복적으로 등장하는 『필경사 바틀비(Bartleby, the Scrivener: A Story of Wall-Street)』(1853)다. 당시 월스트리트는 신흥 금융과 법률 중심지로 성장했고 바틀비는 자본주의 사회에서 일을 거부하는 인물로 형상화되는데 멜빌의 무기력과 좌절을 투영한 것으로 보인다.

한국어 번역본에서 "I prefer not to."는 "저는 그렇게 하지 않는 편이 좋겠습니다." "나는 그렇게 하지 않는 쪽을 택하겠습니다." "하지 않는게 좋겠습니다." 등으로 번역되었다.

밤은 부드러워 F. 스콧 피츠제럴드

novel

Rosemary shed tears again when she heard of the mishap—altogether it had been a watery day, but she felt that she had learned something, though exactly what it was she did not know.
Later she remembered all the hours of the afternoon as happy—one of those uneventful times that seem at the moment only a link between past and future pleasure, but turn out to have been the pleasure itself.

로즈메리는 그 불편한 사건에 대해 들었을 때 다시 눈물을 흘렸다—생각해보면 온통 눈물로 얼룩진 날이었다. 그녀는 정확히 무엇을 배웠는지는 알 수 없었지만 무언가 배웠다는 느낌이 들었다.
그녀는 나중에 그날 오후의 모든 시간을 행복한 느낌으로 기억했다—그 순간에는 아무 사건도 없이 과거의 기쁨과 미래의 기쁨 사이를 이어주는 연결고리처럼 느껴졌던 시간이었으나 바로 그 순간이야말로 진짜 기쁨이었음을 깨달았다.

스콧 피츠제럴드(F. Scott Fitzgerald, 1896~1940)의 『밤은 부드러워(Tender is the Night)』(1934)에서 로즈메리 호이트가 딕 다이버 부부와 함께 보내는 첫날의 일과를 마무리하는 장면으로 어떤 시간은 통과하는 순간에는 모르지만 지나고 난 다음에야 그 의미를 헤아릴 수 있다고 느낀다.

피츠제럴드의 인물들은 약간은 집착적이라고 할 정도로 과거에 매달리는 경향이 있는데, 유명한 『위대한 개츠비』(1925)의 마지막 문장에서도 나타난다. "그래서 우리는 앞으로 나아가지만, 흐름을 거슬러 가는 배처럼, 끊임없이 과거로 밀려난다.(So we beat on, boats against the current, borne back ceaselessly into the past.)" 그러나 이는 과거에 대한 단순한 회한을 넘어 과거나 과거에 대한 사유가 인간을 어떻게 완성하는가에 대한 철학적 성찰이기도 하다.

지킬 박사와 하이드 로버트 루이스 스티븐슨

novel

And yet when I looked upon that ugly idol in the glass, I was conscious of no repugnance, rather of a leap of welcome. This, too, was myself. It seemed natural and human. In my eyes it bore a livelier image of the spirit, it seemed more express and single, than the imperfect and divided countenance I had been hitherto accustomed to call mine. And in so far I was doubtless right. I have observed that when I wore the semblance of Edward Hyde, none could come near to me at first without a visible misgiving of the flesh. This, as I take it, was because all human beings, as we meet them, are commingled out of good and evil: and Edward Hyde, alone in the ranks of mankind, was pure evil.

거울에서 그 추한 형상을 보았을 때 혐오감을 느끼기는커녕 오히려 약간 반가운 느낌마저 들었다. 그 모습 또한 나 자신이었으므로 자연스럽고 인간적으로 여겨졌다. 내 눈에는 내 영혼을 더 생생하게 구현해낸 이미지 같았다. 내가 내 얼굴이라 부르던 어딘가 불완전하고 분열된 얼굴보다 더 표현이 풍부하고 일관성 있었다. 이제까지는 내가 옳았는데 내가 에드워드 하이드의 얼굴을 하고 있으면 사람들이 처음에는 가까이 오지 않으려 한다. 내가 보기에 우리가 만나는 모든 인간은 선과 악이 뒤섞여 있지만 인류 중 유일하게 에드워드 하이드만이 순수한 악으로 이루어진 존재이기 때문일 것이다.

로버트 루이스 스티븐슨(Robert Louis Stevenson, 1850-1894)은 스코틀랜드 에든버러에서 태어났다. 평생 폐결핵과 같은 호흡기 질환으로 요양과 치료를 위해 유럽 각지를 여행하다 열 살 연상의 미국 여성 패니 오스본과 결혼해 사모아 섬에서 살면서 작품을 집필한다. 그의 대표작 중 하나인 『지킬 박사와 하이드(The Strange Case of Dr Jekyll and Mr Hyde』(1886)는 인간 이중성의 은유로 대중 문화에 자리잡고 있다.

이 대목은 헨리 지킬의 진술이라는 챕터에서 지킬 박사가 거울 속에서 처음으로 하이드의 얼굴을 본 직후의 감정을 서술한 것이다. 하이드의 추한 얼굴을 보고도 반갑다고(leap of welcome) 생각하고 정직하고 자연스럽게 느껴졌다는 말은 인간의 원초적 욕망인 악을 마주하고 해방감을 느꼈다는 뜻으로도 읽힐 수 있다.

허클베리 핀의 모험 마크 트웨인

novel

It was a close place. I took it up, and held it in my hand. I was a trembling, because I'd got to decide, forever, betwixt two things, and I knowed it. I studied a minute, sort of holding my breath, and then says to myself: "All right, then, I'll go to hell"—and tore it up. It was awlful thoughts abd awful words, but they was said. And I let them stay said. and never thoght no more about.

아슬아슬한 고비였다. 나는 종이를 집은 다음 손에 꼭 쥐었다. 몸이 바들바들 떨렸다. 둘 중에서 어느 하나를 선택하지 않으면 안 되었고 실은 내가 어느 쪽을 택할지 알고 있었다다. 나는 잠깐 동안 숨을 죽이고 1분 정도 깊이 고심한 끝에 이렇게 혼잣말로 중얼거렸다. "좋아, 됐어. 이렇게 하고 지옥에 가면 되지." 그리고는 편지를 북북 찢어버렸다.

끔찍한 생각이었고, 무서운 말이었다. 하지만 벌써 내 입에서 나오고 말았다. 이제 그 말을 다시 주어 담을 수는 없는 노릇이었다. 나는 그 말을 그대로 두고 다시는 그에 대해 생각하지 않기로 했다.

마크 트웨인(Mark Twain, 1835-1910)의 소설 『허클베리 핀의 모험(Adventures of Huckleberry Finn)』(1885) 중에서도 가장 유명하고 결정적인, 31장에서 허클베리 핀이 도덕적 결단을 하는 장면이다. 그는 왓슨 부인의 집에서 탈출한 도망 노예 짐을 밀고하는 편지를 썼다가 다시 하지 않기로 하고 편지를 찢는다. 당시의 허클베리 핀에게 노예를 탈출시키는 것이 죄이고 사악한 짓이며 그 때문에 지옥에도 갈 수 있는 일이다. 그러나 차라리 불명예를 택하더라도 본능적으로 인간을 위한 판단을 하겠다는 생각이 작용했을 것이다. "이걸 하고 지옥에 가겠다"는 똑같은 맥락은 아니지만 우리의 언어 생활에서 자주 등장하기도 한다.

우주 전쟁 H. G. 웰스

novel

No one would have believed in the last years of the nineteenth century that this world was being watched keenly and closely by intelligences greater than man's and yet as mortal as his own; that as men busied themselves about their various concerns they were scrutinised and studied, perhaps almost as narrowly as a man with a microscope might scrutinise the transient creatures that swarm and multiply in a drop of water.

19세기가 저물어 가던 때, 이 세상이 인간보다 훨씬 뛰어난 지성을 갖고 인간처럼 유한한 존재들에게 예리하고 면밀하게 주시 당하고 있었다는 사실을 믿는 사람은 아무도 없었다. 사람들이 각자 자기 앞에 놓인 수만 가지 일에 몰두하고 있을 때, 그들은 마치 현미경으로 관찰당하는 물방울 속 번식하는 미생물들처럼 누군가에 의해 꼼꼼하게 관찰되고 연구되고 있었다.

H. G. 웰스(H. G. Wells, 1866-1946) 영국 켄트주의 가난한 가정 출신으로 어려서 사고로 다리를 다쳐 오랫동안 책을 읽으며 지냈다고 한다. 대학에서 생물학을 전공한 그는 『타임머신』(1895) 『투명인간』 (1897) 『닥터 모로의 섬』(1896)과 같은 작품들에서 현대 SF의 기본 모티프라고 할 수 있는 시간 여행 과 외계 생명체의 침공, 유전 실험, 투명 인간 등을 거의 혼자서 창조한 작가라고 할 수 있다.

이 부분은 『우주 전쟁(The War of the Worlds)』(1898)의 첫 문장이다. 인류가 일상에 몰두하는 동안 더 높은 지능을 가진 외계 존재들이 인류를 관찰하고 있었다는 발상은 당시에는 매우 충격적이었다. 1938년에는 오손 웰스의 라디오 드라마도 방송되었는데, 정말로 외계인이 침공한 것으로 착각한 수 많은 청취자가 혼란에 빠지는 사건도 있었다.

메인 스트리트 싱클레어 루이스 *novel*

"What do you know about thoughts in hearts, You just play at reforming the world. You don't know what it means to be suffer"

There are two insults which no human being will endure: the assertion that he hasn't a sense of humor, and the doubly impertinent assertion that he has never known trouble.

Carol said furiously. "You think I don't suffer? You think I always had an easy...."

"No you don't"

"사람 마음속 생각에 대해 당신이 뭘 알아요? 당신은 그냥 사회 개혁 놀이를 하고 있을 뿐이에요. 진짜 고통이 뭔지도 모르면서."

이 세상에 어떤 인간도 참지 못할 모욕이 두 가지 있다면 하나는 유머 감각이 없다는 말이고 또 하나는 그보다 두 배로 무례한 주장으로 아무 고생도 모르고 산다는 말이다.

캐롤은 격분해서 말했다. "내가 고생을 모른다고 생각해요? 나는 언제나 편하게만 살아온 줄 알죠…."

"그래요. 당신은 몰라요."

미네소타주에서 태어난 미국의 작가 싱클레어 루이스(Sinclair Lewis, 1885-1951)는 1930년 미국 문학사상 최초로 노벨문학상을 받았다. 『메인 스트리트(Main Street)』(1920)로 상업적인 성공을 거두었고 『배빗』(1922) 『도즈워스』(1929) 등의 여러 작품을 발표했다. 사후에는 서서히 잊혀졌지만 2016년 도널드 트럼프 대통령의 당선 이후 전체주의적 지도자를 다룬 1935년작 『있을 수 없는 일이야』가 다시 인기를 끌기도 했다.

발췌된 문장은 31장에서 주인공 캐롤 케네컷이 소도시 사람들과 갈등을 겪다가 고생을 모른다는 평가를 받고 분노하는 대목이다. 사람이 느낄 수 있는 가장 큰 모욕 두 개는 유머 감각이 없다와 고통이 무엇인지 모른다는 말은 심리를 매우 예리하게 포착한 문장이며 쉽게 찾아볼 수 없었던 관찰이다.

소공녀 프랜시스 호지슨 버넷

novel

Then a thought came back to her which made the color rise in her cheek and a spark light itself in her eyes. She straightened her thin little body and lifted her head.

"Whatever comes," she said, "cannot alter one thing. If I am a princess in rags and tatters, I can be a princess inside. It would be easy to be a princess if I were dressed in cloth of gold, but it is a great deal more of a triumph to be one all the time when no one knows it."

그러다 한 가지 생각이 나면서 뺨에 홍조가 깃들었고 눈에는 불꽃이 일었다. 세라는 작고 마른 몸을 곧게 펴고 고개를 높이 들었다.

"무슨 일이 일어나도 변하지 않는 게 있어." 세라가 말했다. "내가 누더기를 걸쳤다고 해도 내면에서는 공주일 수 있어. 물론 화려하고 고급스러운 옷을 입었다면 공주가 되기 더 쉽겠지. 하지만 이 세상 어느 누구도 몰라줄 때도 자신을 공주로 여기는 것이 훨씬 더 어렵고 귀한 승리라고 생각해."

영국 맨체스터에서 태어난 프랜시스 호지슨 버넷(Frances Hodgson Burnett, 1849~1924)은 세 살 때 아버지를 여의고 경제적으로 궁핍하게 생활하다 열여섯 살에 가족이 미국으로 이주해 테네시주 녹스빌에 정착한다. 그 뒤로 생계를 위해 닥치는 대로 글을 썼는데 여성잡지에 글을 보낼 우표값이 없어서 포도를 수확해 팔았다는 일화는 유명하다.
우리나라에서는 『소공녀(A Little Princess)』(1905)로 잘 알려져 있는데, 일본식 한자어라는 의견이 있어 최근에는 『작은 공주 세라』『세라 이야기』 등의 제목으로 달리 번역되기도 한다.
발췌된 단락 뒤에는 "이 생각은 새로운 건 아니었으나 수많은 날을 버티게 해주었고, 다른 사람들이 이해할 수 없는 밝은 표정으로 다닐 수 있었다. 무례한 말을 들어도 무시하고 은은한 미소를 지었다." 와 같은 내용이 이어진다. 자존감이라는 단어는 어디에도 없지만 진정한 자존감이란 무엇이고 일상에서 어떻게 이 동화 주인공의 말과 행동에서 배울 수 있다.

비밀의 화원 프랜시스 호지슨 버넷

novel

At first people refuse to believe that a strange new thing can be done, then they begin to hope it can be done, then they see it can be done—then it is done and all the world wonders why it was not done centuries ago.
One of the new things people began to find out in the last century was that thoughts—just mere thoughts—are as powerful as electric batteries—as good for one as sunlight is, or as bad for one as poison.

처음에는 사람들은 기묘하고 새로운 일이 이루어질 수 있다고 믿지 못한다. 그러다가 그 일이 가능하길 소망하게 되고, 가능하다는 것을 깨닫게 된다. 마침내 이루어지고 나면 왜 이렇게 간단한 일이 수백년 전에 이루어지지 않았는지 온 세상이 의아해한다.
지난 세기 사람들이 새롭게 알게 된 것 중 하나는, 생각이라는 것—그저 생각일 뿐인 것—이 전기 배터리만큼이나 강력하며, 햇빛처럼 사람에게 이롭기도 하고, 독처럼 해롭기도 하다는 사실이다.

『비밀의 화원(The Secret Garden)』(1911)의 27장 초입에 나오는 문장으로, 작가가 직접 개입해 작품의 핵심 주제를 드러낸다. 같은 주제가 주인공의 콜린의 다음과 같은 대사로도 반복된다. "세상 모든 것 속에 마법이 있다고 생각해. 우리가 아직 붙잡지 못했을 뿐이지. 전기나 말이나 증기도 처음엔 다 그랬잖아."

영국에서 태어나 10대 때 미국으로 이주한 프랜시스 호지슨 버넷은 영국인의 매너와 함께 미국인의 자유로운 사고방식을 갖고 있었다고 전해진다. 미국과 영국을 여러 차례 오가며 살았고 아들의 사망, 두 번의 이혼을 겪으며 정신적으로 고통받다 말년에는 롱아일랜드에 정착했다. 그곳에서 대표작『비밀의 화원』을 썼다.

시스터 캐리 시어도어 드라이저　　　novel

When a girl leaves her home at eighteen, she does one of two things. Either she falls into saving hands and becomes better, or she rapidly assumes the cosmopolitan standard of virtue and becomes worse.
Of an intermediate balance, under the circumstances, there is no possibility. The city has its cunning wiles no less than the infinitely smaller and the more human temper. There are large forces which allure with all the soulfulness of expression possible.

열여덟 살 소녀가 집을 떠날 때, 앞에 놓인 길은 둘 중 하나다. 구원하는 손길을 만나 더 나아지거나 대도시의 느슨한 도덕 기준에 물들어 나빠지거나.
이런 상황에서 중간 어디쯤에서 균형을 잡을 가능성은 매우 희박하다. 도시의 교묘한 유혹은 마치 사람처럼 미세하고 인간의 기질을 닮았다. 도시에는 온갖 매혹적인 표정을 지으며 영혼을 파고드는 거대한 힘들이 도사리고 있다.

미국의 자연주의 소설가 시어도어 드라이저(Theodore Dreiser, 1871-1945)의 대표작이자 문제작이었던 『시스터 캐리(Sister Carrie)』(1900)는 출간 직후 논란과 검열을 겪었지만, 인간 욕망과 사회 구조를 냉철하게 그린 미국 도시 소설의 시초 중 하나로 자리잡았다.
이 대목에서도 관찰자의 시선으로 상경한 여성 앞에 놓인 기회와 위험에 대해 담담하게 서술하며 도시의 유혹을 냉정하면서도 문학적으로 묘사한다. 소설의 주인공 캐리는 거칠고 냉혹한 현실에서 방황하기도 하지만 배우로서 성공을 거두고 경제적 사회적으로 자립한다. 말년에 삶의 허무와 고독을 느끼기는 하지만 완전한 몰락에 이르지는 않는 것으로 그려진다.
케이트 가비노의 그래픽 노블 『아래층에 부커상 수상자가 산다』에서도 이 작품이 언급된다. 작중 부커상을 수상한 작가인 베로니카는 자신이 『시스터 캐리』를 좋아하는 이유로 '야망을 가진 여성이 불행해지지 않는 당시로서 드문 이야기'이기 때문이라고 설명한다.

키다리 아저씨 진 웹스터 novel

Sometimes a dreadful fear comes over me that I'm not a genius. Will you be awfully disappointed, Daddy, if I don't turn out to be a great author? In the spring when everything is so beautiful and green and budding, I feel like turning my back on lessons, and running away to play with the weather. There are such lots of adventures out in the fields! It's much more entertaining to live books than to write them.

가끔은 내가 천재가 아닐 거라는 생각에 두려움이 몰려와요. 키다리 아저씨, 내가 훌륭한 작가가 되지 못해서 아저씨가 실망하시면 어쩌죠? 봄에는 모든 것이 아름답고 초록으로 피어나죠. 이런 날에는 공부는 뒤로 하고 무조건 밖으로 뛰쳐 나가 날씨와 함께 맘껏 놀고 싶어요. 들판에만 나가도 너무나 많은 모험이 기다리고 있잖아요. 책을 쓰는 것보다 책처럼 사는 것이 훨씬 더 즐거운 걸요.

진 웹스터(Jean Webster, 1876-1916)는 미국 뉴욕에서 태어난 작가다. 바사칼리지 재학 시절 빈곤과 사회 문제에 눈을 떴고 이때 아동복지시설을 방문하며 이 대표작 『키다리 아저씨(Daddy-Long-Legs)』(1922)의 영감을 얻었다. 어머니는 마크 트웨인의 조카로, 문학적 분위기 속에서 성장했다. 오랜 친구였던 글렌 포드 맥킨리와 결혼한 뒤 딸을 출산했으나 이듬해 산후열로 39세의 나이에 짧은 생을 마감했다.

이 단락에 주목한 이유는 'live books'란 표현 때문이다. 이 표현은 직역하면 '책을 살다'이지만 어쩔 수 없이 '책처럼 살다'라고 옮겼다. live는 주로 자동사로 쓰이지만 가끔 명사 목적어가 이어질 때가 있다. 'live the dream'을 '꿈처럼 살다' 대신 '꿈을 살다'로, 'live a lie'를 '거짓된 삶을 살다'가 아닌 '거짓을 살다'와 같이 직역하면 살짝 어법에 안 맞는 듯 하면서도 더 문학적이고 생생한 표현으로 느껴진다.

무기여 잘 있거라 어니스트 헤밍웨이

novel

If people bring so much courage to this world the world has to kill them to break them, so of course it kills them. The world breaks every one and afterward many are strong at the broken places. But those that will not break it kills. It kills the very good and the very gentle and the very brave impartially. If you are none of these you can be sure it will kill you too but there will be no special hurry.

사람들이 이 세상에 너무 많은 용기를 가지고 온다면, 세상은 그들을 꺾기 위해 죽이려 든다. 당연히 세상은 그들을 죽인다. 세상은 모든 사람을 부수고, 그런 다음에 많은 이들이 그 부서진 자리에 더 강해지기도 한다. 하지만 부서지지 않으려는 자도 끝내 죽인다. 세상은 매우 선한 이들도, 다정한 이들도, 용감한 이들도 가리지 않고 죽인다. 당신이 이중 어느 하나도 아니라 해도 당신 또한 죽일 테지만 급할 필요는 없으니 서두르지 않을 뿐이다.

어니스트 헤밍웨이(Ernest Hemingway, 1899~1961)의 소설 『무기여 잘 있거라(A Farewell to Arms)』 (1929)의 막바지인 5부 41장에 나오는 단락으로 캐서린이 죽은 직후 프레데릭 헨리가 병원에서 세상의 부조리함과 냉혹함을 직시하는 장면이다. 몇 단락 후에는 헤밍웨이가 무려 마흔일곱 번이나 고쳐 썼다고 밝혔던 이 소설의 마지막 문장 '나는 잠시 뒤 병원을 나와 비를 맞으며 호텔로 걸어갔다.(After a while I went out and left the hospital and walked back to the hotel in the rain.)'가 나온다. 단순하고 절제된, 가장 헤밍웨이다운 문장으로 꼽힌다. '부서진 자리에서 더 강해진다.(strong at the broken places.)' 라는 표현은 현대 심리 상담 분야에서 트라우마 극복이나 회복탄력성을 이야기할 때 자주 소환되기도 한다.

거울 나라의 앨리스 루이스 캐럴

novel

"There's no use trying," Alice said: "one can't believe impossible things."
"I dare say you haven't had much practice," said the Queen. "When I was your age, I always did it for half-an-hour a day. Why, sometimes I've believed as many as six impossible things before breakfast.

"노력해봐야 무슨 소용이에요." 앨리스가 말했다. "애초에 불가능한 일은 믿을 수가 없잖아요."
"혹시 그건 연습이 부족해서가 아닐까." 여왕이 말했다.
"내가 네 나이였을 땐 매일 30분씩 불가능을 믿는 연습을 했단다. 어쩔 땐 아침 먹기 전에 여섯 가지 불가능한 일을 믿었는 걸."

루이스 캐럴(Lewis Carroll, 1832-1898)의 『거울 나라의 앨리스(Through the Looking-Glass)』(1871)에 나오는 대사로, 앨리스와 하얀 여왕 사이의 대화다. '불가능도 가능하게 만든다.' '가능성을 믿는다.' '믿음이 더 중요하다.'와 같이 이런 추상적인 말은 얼마든지 할 수 있지만, '아침 먹기 전에'와 '여섯 가지'처럼 구체적인 단어와 숫자가 들어가니 훨씬 귀에 쏙쏙 들어오고 새로운 의미를 담고 있는 것처럼 들리기도 한다.

두 도시 이야기 찰스 디킨스　　　　　　　　　novel

It was the best of times, it was the worst of times,
it was the age of wisdom, it was the age of foolishness,
it was the epoch of belief, it was the epoch of incredulity,
it was the season of light, it was the season of darkness,
it was the spring of hope, it was the winter of despair.

최고의 시절이었고 최악의 시절이었다.
지혜의 시대이자 어리석음의 시대였다.
믿음의 세기였고 의심의 세기였다.
빛의 계절이었고 어두움의 계절이었다.
희망의 봄이었고 절망의 겨울이었다.

찰스 디킨스(Charles Dickens, 1812-1870)의 『두 도시 이야기(A Tale of Two Cities)』의(1859) 첫 문장으로 영어권에서 가장 많이 패러디되고 인용되는 문장 중 하나다. 대비와 반복 구조가 단순하면서도 리드미컬하고 또한 시대상과 인간사의 복잡성과 양면성을 선명하게 드러내주고 있기 때문일 것이다. 금융위기나 팬데믹 같은 정치적, 사회적, 문화적 위기 상황을 돌아봤을 때도, 개인의 과거를 해석할 때도 얼마든지 인용해서 쓸 수가 있다.

허영의 시장 윌리엄 메이크피스 새커리 novel

The world is a looking-glass, and gives back to every man the reflection of his own face. Frown at it, and it will in turn look sourly upon you; laugh at it and with it, and it is a jolly, kind companion. So let all young persons take their choice.

세상은 하나의 거울과 같아서 그대의 얼굴을 그대로 비춰준다. 당신이 얼굴을 찌푸리면, 세상도 찌푸린 얼굴로 그대를 바라볼 것이고 웃음을 건네면, 세상도 함께 웃으며 명랑하고 다정한 벗이 되어줄 것이다. 그러니 모든 젊은이들에게 어떤 얼굴을 보여줄지 스스로 선택하게 하자.

윌리엄 메커피스 새커리(William Makepeace Thackeray, 1811-1863)의 『허영의 시장(Vanity Fair)』(1848)에서 가장 많이 인용되는 문장이다. '배니티 페어'라는 단어는 존 버니언의 『천로역정』(1678)에 처음으로 등장했는데, 순례자가 목적지까지 가는 길에 만나게 되는 '허영과 속물성이 가득한 장터'라는 의미로 쓰였다. 이 소설 부제는 '영웅 없는 소설'로 19세기 영국 상류 사회의 허영과 위선을 풍자했고 BBC 드라마로도 여러 차례 제작되었다.

여인의 초상 헨리 제임스　　　　　　　　　　novel

She had a great desire for knowledge, but she really preferred almost any source of information to the printed page; she had an immense curiosity about life, and was constantly staring and wondering. She carried within herself a great fund of life, and her deepest enjoyment was to feel the continuity between the movements of her own heart and the agitations of the world. For this reason she was fond of seeing great crowds and large stretches of country, of reading about revolutions and wars, of looking at historical pictures.

그녀는 지식에 대한 강한 열망이 있었지만 인쇄된 활자가 아닌 다른 곳에서 정보를 얻는 것을 좋아했다. 삶에 대해 강렬한 호기심이 있었고, 그렇기에 끊임없이 주변을 응시하고 궁금해했다. 그녀 내면에는 풍부한 자산이 있었고 자기 마음 속의 움직임과 세상의 동요 사이에서 어떤 연속성을 느낄 때 가장 큰 기쁨을 발견했다. 그래서 인파가 가득한 광경과 널리 펼쳐진 시골 풍경을 보는 것을 좋아했으며, 혁명과 전쟁에 관한 글을 읽거나 역사적 그림을 보는 것을 사랑했다.

헨리 제임스의 『여인의 초상(The Portrait of a Lady)』(1881) 중 주인공 이사벨 아처에 대한 묘사다. 재능 있고 아름다운 이사벨 아처는 이 묘사에서 나타난 대로 삶을 직접 체험하고 싶어하고 정신적으로 자유롭고자 하는 여성이다. 결혼을 속박으로 여겨 구혼을 거절하다가 예술가인 길버트 오스먼드의 아내가 되는데, 결혼 생활은 감옥처럼 억압적이다. 이전 시대의 소설들과 달리 이사벨 아처에게 결혼이 행복한 완성이 아니라 실패와 자기 성찰의 시작이었고 이 과정에서 자유란 잘못된 선택까지도 책임지는 것임을 깨닫는다. 인물의 행동보다 심리 묘사가 두드러진 소설이라는 점도 문학사적으로 의미가 있다. 1996년엔 제인 캠피언이 감독을 맡고, 니콜 키드먼과 존 말코비치가 주연한 동명의 영화도 개봉했다.

더버빌가의 테스 토머스 하디

novel

"Did you say the stars were worlds, Tess?"
"Yes."
"All like ours?"
"I don't know, but I think so. They sometimes seem to be like the apples on our stubbard-tree. Most of them splendid and sound—a few blighted."
"Which do we live on-a splendid one or a blighted one?"
"A blighted one."

"테스 누나, 별들도 나름대로의 세계가 있다고 했지?"
"응."
"그 세계도 우리가 사는 세계와 같아?"
"아마 그럴 거야. 가끔 별이 우리집 사과 나무에 열린 사과들처럼 느껴질 때가 있어. 별들 대부분은 사과처럼 싱싱하고 벌레도 안 먹었지. 어쩌다가 벌레 먹은 것도 있긴 하지만."
"그러면 우리는 어떤 쪽이야."
"벌레 먹은 쪽."

토머스 하디(Thomas Hardy, 1840-1928)의 대표작 『더버빌가의 테스(Tess of the d'Urbervilles)』(1891)에서 가난한 집안의 딸 테스와 남동생이 늦은밤에 초롱불을 들고 짐 마차를 끄는 말과 함께 시장으로 간다. 순수하고 철없는 동생 에이브러햄이 테스에게 질문을 하면서 시작된 대화인데, 테스는 이미 자신의 운명에 대해 비관하고 있는 듯 보인다. 이 대화 앞에는 '하늘에 깔린 별이 짐마차를 탄 가여운 오누이에게는 무관심한 듯 싸늘하게 반짝였다.'라는 문장이 나오는데 이는 하디의 시적 비관주의를 엿볼 수 있는 부분이다. 'blighted'라는 단어는 '병든' '시든' '말라죽은' 등의 뜻이지만 'a blighted dream'은 비유적으로 '꺾인 꿈'을 표현할 때 쓰이기도 한다.

작은 아씨들 루이자 메이 올컷

novel

I'd have a stable full of Arabian steeds, rooms piled high with books, and I'd write out of a magic inkstand, so that my works should be as famous as Laurie's music. I want to do something splendid before I go into my castle, something heroic or wonderful that won't be forgotten after I'm dead. I don't know what, but I'm on the watch for it, and mean to astonish you all some day. I think I shall write books, and get rich and famous, that would suit me, so that is my favorite dream.

우리집 마굿간에는 아라비아 말이 가득하고, 방에는 책이 산처럼 쌓여 있을 거야. 나는 마법 잉크 스탠드에서 잉크를 찍어 글을 쓸 거야. 내가 쓴 글들을 로리의 음악만큼 유명해지겠지. 나중에 내 성에 들어가기 전에 뭔가 멋지고 대단한 일을 하고 싶어. 뭔가 굉장히 영웅적이고 근사한 일이라서 내가 죽은 다음에서 잊혀지지 않는 일. 그게 뭘까 아직은 모르겠지만 잘 찾아볼거야. 언젠가 모두를 놀라게 해줘야지 아마도 책을 써서 부자가 되고 유명해지려고 하는데 어때? 그게 나에게 어울리잖아. 그게 내가 가장 이루고 싶은 꿈이랄까.

루이자 메이 올컷(Louisa May Alcott, 1832-1888)의 『작은 아씨들(Little Women)』(1868)에서 네 자매와 로리가 자신의 꿈에 대해 이야기하는 장면이다. 로리는 독일에서 음악을 공부하고 음악가가 되고 싶다고 하고 메그는 화려한 물건들로 가득한 예쁜 집을 갖고 싶다고 말한다. 베스는 피아노가 한 대 있었으면 좋겠다고 한다. 이때 조는 죽은 후에도 잊혀지지 않는 대단한 일을 하고 싶다고 말한다.

저자가 어렸을 때 실제로 "언젠가는 반드시 무언가를 해낼 거야. 무엇이든 상관없어 가르치든, 바느질을 하든, 연기를 하든, 글을 쓰든 가족을 돕기 위해서라면 뭐든 할 거야. 죽기 전에 부자가 되고, 유명해지고, 행복해질 테니 두고 봐. (I will do something by-and-by. Don't care what, teach, sew, act, write, anything to help the family, and I'll be rich and famous and happy before I die, see if I won't.)"라고 말했다는 기록이 있다.

빨강머리 앤 루시 모드 몽고메리

novel

October was a beautiful month at Green Gables, when the birches in the hollow turned as golden as sunshine and the maples behind the orchard were royal crimson and the wild cherry trees along the lane put on the loveliest shades of dark red and bronzy green, while the fields sunned themselves in aftermaths.
Anne reveled in the world of color about her.
"Oh, Marilla," she exclaimed one Saturday morning, coming dancing in with her arms full of gorgeous boughs" 'I'm so glad I live in a world where there are Octobers. It would be terrible if we just skipped from September to November, wouldn't it?"

그린 게이블즈의 10월은 눈부시게 아름다웠다. 골짜기의 자작나무들은 햇살처럼 황금빛으로 물들었고, 과수원 뒤의 단풍나무들은 황실의 옷처럼 진홍빛을 띠었다. 길가의 들벚나무들은 가장 고운 짙은 붉은색과 청동빛 초록을 입었고, 들판은 가을걷이가 끝난 뒤의 볕 속에서 몸을 누이고 있었다.
앤은 온통 화려한 색깔로 가득한 세상이 황홀하기만 했다.
"마릴라 아주머니" 앤은 어느 토요일 아침에 양팔에 단풍잎 가지를 가득 안고 춤추듯 내려오며 외쳤다. "10월이 있는 세상에 살아서 정말 행복해요. 9월에서 11월로 넘어간다면 너무 슬프지 않겠어요?"

루시 모드 몽고메리(Lucy Maud Montgomery, 1874-1942)의 『빨강머리 앤(Anne of Green Gables)』(1908)에서 긍정적이고 낙천적인 앤의 성격을 드러내는 문장들이 많지만 이 부분은 보다 더 서정적이고 감성적이다. '10월이 있는 세상에서 살아서 즐겁다.'라는 표현은 가을 사진이나 이미지와 함께 가장 자주 등장하는 문구이기도 하다.

16장에 나오는 장면으로 앤이 이 나뭇가지로 침실을 꾸미겠다고 하자 마릴라 아주머니가 지저분할 것이라며 "침실은 잠을 자는 곳이지."라고 하니 "꿈을 꾸는 곳이기도 하잖아요. 예쁜 방에서 더 좋은 꿈을 꾸지 않을까요."라고 앤다운 대답을 하기도 한다.

피터 래빗 베아트릭스 포터

novel

Peter gave himself up for lost, and shed big tears; but his sobs were overheard by some friendly sparrows, who flew to him in great excitement, and implored him to exert himself.

길을 잃고 그물에 잡힌 피터는 커다란 눈물방울을 뚝뚝 흘리기 시작했습니다. 하지만 피터가 흐느끼고 있는 소리를 들은 친절한 참새들이 날아와 피터에게 포기하지 말고 더 힘내라고 짹짹짹 이야기해주었어요.

I am sorry to say that Peter was not very well during the evening.

His mother put him to bed, and made some camomile tea; and she gave a dose of it to Peter!

"One table-spoonful to be taken at bed-time!"

안타깝지만 피터는 그날 저녁에 아팠다는 것을 말해야겠군요.

피터의 엄마는 피터를 침대에 눕혔습니다. 카모마일 차를 만들었고 피터에게 한 스푼 주었습니다.

"자기 전에 큰 스푼으로 하나 가득 또 먹어야 한다!"

베아트릭스 포터(Beatrix Potter, 1866-1943) 자연과 동물을 유난히 사랑한 영국의 동화 작가이자 삽화가다. 자신의 어린 시절 가정 교사의 아이들이 아프다는 말에 위로를 해주고자 『피터 래빗(The Tale of Peter Rabbit)』(1902)을 쓰게 되었다고 한다.

1권에서 말썽꾸러기 막내 피터는 맥그리거씨 댁에 가지 말라는 엄마 말을 듣지 않고 모험을 떠났다가 갖은 고생을 하게 된다. 독자들이 이 책에서 가장 좋아하는 대목은 피터 옆에서 작은 참새 세 마리가 응원해주는 장면과 마지막 장에 엄마가 차를 끓여서 먹여주는 장면에서 나온다. 예상치 못한 일을 겪은 하루였지만, 엄마의 카모마일이라든가 큰 스푼 한 가득 같은 단어들이 포근하고 평온한 분위기를 자아내며 우리에게는 돌아갈 곳과 사랑하는 사람들이 있다는 느낌까지 전해준다.

기쁨의 집 이디스 워튼

novel

"The only way to not think about money is to have a great deal of it."
"You might as well say that the only way not to think about air is to have enough to breath. That is true enough in a sense; but your lungs are thinking about air, if you are not. And so it is with your rich people—they may not be thinking of money, but they're breathing it all the while; take them into another element and see how they squirm and gasp!"

"돈에 대해 생각하지 않는 유일한 방법은 돈을 아주 많이 가지고 있는 거예요."
"그건 마치 공기에 대해 생각하지 않는 유일한 방법은 숨 쉴 만큼 충분히 갖는 거라고 말하는 것과 같군요. 말하자면 어느 정도는 사실이에요. 하지만 당신은 의식하지 못해도 당신의 폐는 공기를 늘 의식하고 있을 걸요. 부자들도 마찬가지예요. 돈에 대해 생각하지 않을 수 있어요. 하지만 돈 속에서 숨 쉬고 있는 겁니다. 그 사람들을 다른 조건에 넣어 보세요. 아마 몸부림치면서 헐떡일 겁니다."

뉴욕 상류층 출신인 이디스 워튼(Edith Wharton, 1862-1937)은 사회적 관습과 제약 속에서 여성의 지위가 얼마나 취약한지 인식하고 부르주아 계층뿐 아니라 미국 사회의 다양한 여성들의 삶을 사실적이고 비판적으로 그린 작가로, 여성 최초로 퓰리처상을 수상했다. 『기쁨의 집(The House of Mirth)』(1905)의 주인공 릴리 바트는 29세의 아름답고 매력적인 여성이지만 개인의 욕망과 사회 관습 사이에서 갈등하다 결혼 시장에서 실패하고 몰락의 길을 걷는다. 소설의 제목은 성경의 전도서 7장에서 비롯되었다. "슬기로운 사람은 죽음이 슬픔의 집에 있고 어리석은 사람은 환락(기쁨)의 집에 있다.(he heart of the wise is in the house of mourning; but the heart of fools is in the house of mirth.)"

발췌한 1부 6장에서 릴리 바트와 로렌스 셀든의 대화는 돈과 부자들의 속성에 대해 날카롭게 간파하고 있다.

순수의 시대 이디스 워튼

novel

"Do you know—I hardly remembered you?"
"Hardly remembered me?"
"I mean: how shall I explain? It's always so. EACH TIME YOU HAPPEN TO ME ALL OVER AGAIN."
"Oh, yes: I know! I know!"
…

How little they knew of each other, after all! The precious moments were slipping away, but he had forgotten everything that he had meant to say to her and could only helplessly brood on the mystery of their remoteness and their proximity, which seemed to be symbolised by the fact of their sitting so close to each other, and yet being unable to see each other's faces.

"그거 알아요? 사실은 당신이 기억이 잘 안 나요."
"나를 기억을 못한다고요?
"아니, 그 말이 아니라. 어떻게 설명해야 할까요? 항상 그런데. 매번 당신은 나에게 새롭게 일어나는 일이에요."
"아, 그렇죠. 나도 알아요. 알아. 그게 무슨 말인지."
…

그들은 서로에 대해 왜 그렇게 알지 못하는 걸까. 소중한 시간들이 새어나가고 있었지만 말하고 싶었던 말은 모두 잊어버려 하지 못했고 가깝지만 멀게 느껴지는 이 수수께끼에 대해서만 곰곰이, 무력한 기분으로 생각해볼 뿐이었다. 이렇게 옆에 앉아 있어도 서로의 얼굴 한번 똑바로 바라보지 못하는 지금의 모습이 그들 사이 거리의 상징과도 같았다.

이디스 워튼의 『순수의 시대(The Age of Innocence)』(1920)에서 뉴랜드 아처와 올랜카가 나누는 대화의 한 장면이다. 이 작품에서 가장 사랑 받는 대사가 나오는 대목이기도 하다. 약혼자가 있는 아처와 올렌카는 서로가 기억나는 것이 아니고 만날 때마다 마치 처음 만나는 것만 같고 매번 '일어나는 일' 같다고 말한다. "You happen to me." 라는 표현이 종종 "당신은 항상 처음 만나는 것 같아요."라고 번역되곤 하지만 원문의 느낌은 약간 다르다. 당신을 만나는 것은 마치 하나의 사건처럼 신비롭고 강력하고 새롭고 놀라운 일이라는 뉘앙스가 담겨 있다.

폭풍의 언덕 에밀리 브론테 *novel*

Oh, I'm burning! I wish I were out of doors! I wish I were a girl again, half savage and hardy, and free and laughing at injuries, not maddening under them! Why am I so changed? Why does my blood rush into a hell of tumult at a few words? I'm sure I should be myself were I once among the heather on those hills. Open the window again wide: fasten it open

아, 나는 불타고 있어! 나는 밖에 나가고 싶어! 다시 소녀가 되고 싶어, 반쯤은 야생적이고, 강인하고, 자유로운 그때로! 상처 따위는 웃어넘기고, 그걸로 미쳐 날뛰지도 않던 그 시절로! 왜 내가 이렇게 변해버린 거지? 왜 몇 마디 말만으로도 내 피가 지옥 같은 격랑 속에서 요동치는 거야? 저 언덕의 히스꽃 속에 있다면, 다시 나 자신이 될 수 있을 텐데. 창문을 다시 활짝 열어줘. 닫히지 않게 고정해 줘.

에밀리 브론테(Emily Brontë, 1818-1848)의 대표작 『폭풍의 언덕(Wuthering Heights)』(1847)의 12장에서 캐서린이 하녀 넬리에게 하는 말이다. 이 작품의 가장 유명한 문장은 단연코 캐서린과 히스클리프 사이의 낭만적이고 운명적 사랑을 극적으로 표현한 부분이다. "그는 나 자신보다도 더 나야. 우리의 영혼이 무엇으로 만들어졌든, 그의 영혼과 나의 영혼은 같아.(He's more myself than I am. Whatever our souls are made of, his and mine are the same.)" 이 문장은 영문학에서 가장 유명한 사랑의 고백으로 굿리즈 인용구에는 매우 드물게 12,000명이 좋아요를 눌렀다.

발췌한 단락은 이렇게 사랑에 모든 것을 던지는 캐서린의 기질을 잘 드러내고 있다. 소녀가 되고 싶다는 말 다음에 오는 단어인 '야생성' '강인함' '자유'라는 단어 또한 전통적인 소녀 이미지나 편견에서 벗어난다.

미들 마치 조지 엘리엇

novel

Her finely touched spirit had still its fine issues, though they were not widely visible.

Her full nature, like that river of which Cyrus broke the strength, spent itself in channels which had no great name on the earth. But the effect of her being on those around her was incalculably diffusive. The growing good of the world is partly dependent on unhistoric acts and that things are not so ill with you and me as they might have been is half owing to the number who lived faithfully a hidden life, and rest in unvisited tombs.

 그녀의 섬세하고 고귀한 정신은 널리 알려지지는 않았으나, 섬세하게 아름다운 결실을 이루었다. 그녀의 훌륭한 품성은 고대의 키루스왕이 강의 힘을 여러 갈래로 흩어 약하게 만든 것처럼 세상에서 큰 이름을 남기지 않는 여러 작은 길로 흩어졌다. 하지만 그녀의 존재가 주변 사람에게 미친 영향은 헤아릴 수 없었다.

세상의 점진적인 개선은 역사에 기록되지 않은 행위들 덕분으로 오늘의 당신이나 내가 더 나쁜 상황에 처하지 않고 이만큼이라도 괜찮게 살 수 있는 것은, 평생 보이지 않는 삶을 충실히 살다가 아무도 찾지 않는 무덤에서 쉬고 있는 수많은 사람 때문일 것이다.

본명은 메리 앤 에반스였던 작가 조지 엘리엇(George Eliot, 1819-1880)은 여성 작가로서의 편견을 피하고자 남성 필명을 사용했다. 19세기 영국 리얼리즘의 정점을 이룬 작가로, 이 작품『미들마치(Middlemarch)』(1871)는 영문학 역사상 가장 위대한 고전으로 평가받는다. 하지만 분량과 밀도의 압박 때문에 완독하기 어려운 책으로도 손꼽히는데, 영미 에세이나 드라마에서 "몇 달 내내 갖고만 다니다가 결국 못 읽었다." "그해 여름 마침내 완독했다."와 같은 대사로 종종 언급된다.

미들마치라는 소도시에서 사는 주인공 도러시아는 나이 많은 학자 카소번과 결혼하지만 폐쇄적이고 독단적인 남편에게 실망하고, 남편 사후에 재산과 지위를 포기하고 그의 조카 윌과 결혼한다. 작가는 빅토리아 시대 한계 속에서도 자기답게 살아가며 이상을 지키려 했던 여러 인물을 생생하게 형상화하면서 독자들을 철학적, 도덕적 성찰로 이끈다.

등대로 버지니아 울프   novel

What is the meaning of life? That was all—a simple question; one that tended to close in on one with years. The great revelation had never come. The great revelation perhaps never did come. Instead there were little daily miracles, illuminations, matches struck unexpectedly in the dark; here was one.

삶의 의미란 무엇일까? 그 물음이 전부였다. 단순한 질문이 세월이 흐를수록 점점 더 깊이 파고들었다. 위대한 계시가 밝혀진 적은 한번도 없었다. 어쩌면 위대한 계시란 애초에 존재하지 않는 것인지도 몰랐다. 대신에 사소한 일상의 기적이 있었고, 섬광 같은 깨달음이 있었고 어둠 속에서 뜻밖에 켜지는 성냥불이 있었다. 이것도 그중 하나였다.

버지니아 울프(Virginia Woolf, 1882-1941)의 『등대로(To the Lighthouse)』(1927)는 작가의 자전적인 소설 중 하나로 꼽힌다.
소설은 램지 가족이 스코틀랜드의 여름 별장에서 보낸 일상과 의식의 흐름을 중심으로 전개된다. 이 부분은 릴리 브리스코의 내면 독백으로, 사유 끝에 램지 부인의 말 "삶은 여기에 정지해있다."를 떠올리고 순간을 영원으로 만드는 것이 계시의 본질이라 생각한다. 등대는 영원성과 안정성, 삶의 진리나 이상을 의미하기도 한다.

각성 케이트 쇼팽

novel

The bird that would soar above the level plain of tradition and prejudice must have strong wings. It is a sad spectacle to see the weaklings bruised, exhausted, fluttering back to earth.

전통과 편견이라는 평원 위로 날아오르려는 새는 강한 날개를 가져야 합니다. 약한 새들이 상처입고 지쳐서 날개를 퍼덕이며 다시 지상으로 떨어지는 모습은 서글픈 광경이에요.

케이트 쇼팽(Kate Chopin, 1850-1904)은 미국의 소설가로, 20세기 페미니스트 소설의 선구자로 불린다. 스무 살에 결혼해 남편을 따라 루이지애나주로 이주해 농장과 잡화상을 운영했는데, 이때의 경험이 훗날 소설의 영감이 되었다. 남편이 먼저 사망하자 자신의 고향인 세인트루이스로 돌아간다. 어머니가 돌아가신 후 우울증을 극복하고자 다양한 장르의 글을 쓴다. 「셀레스틴 부인의 이혼」(1893) 「실크 스타킹 한 켤레」(1897)를 비롯한 여러 빼어난 단편소설들이 최근에 더욱 왕성하게 번역 소개되고 있다. 『각성(The Awakening)』(1899)은 당시로서는 파격적인 여성 해방 소설로, 두 아들을 둔 28세의 기혼 여성 에드나는 휴가 중에 자유로운 분위기의 로버트에게 빠진다. 이 일을 계기로 자신이 진정 원하는 삶이 무엇인지 고민하고, 이 모습을 지켜보는 여인이 주인공에게 하는 대사다.

뉴잉글랜드 수녀 메리 윌킨스 프리먼

novel

Serenity and placid narrowness had become to her as the birthright itself. She gazed ahead through a long reach of future days strung together like pearls in a rosary, every one like the others, and all smooth and flawless and innocent, and her heart went up in thankfulness. Outside was the fervid summer afternoon; the air was filled with the sounds of the busy harvest of men and birds and bees; there were halloos, metallic clatterings, sweet calls, and long hummings.

Louisa sat, prayerfully numbering her days, like an uncloistered nun.

잔잔함과 평온한 협소함이 그녀의 생득적 권리가 되었다. 이제 그녀 앞에는 묵주의 진주알 같은 나날들이 펼쳐져 있었고 매일 하루하루가 이렇게 똑같고, 매끈하고 무결하고 순수할 것이라 생각하니 감사한 마음에 가슴이 벅차올랐다. 화창한 여름날의 오후였다. 들에서 수확하는 남자들의 목소리와 새의 지저귐과 벌의 윙윙거림이 대기에 서서히 퍼졌다. 누군가가 크게 말하고, 금속 기구가 덜컹거리고, 누군가 서로를 다정하게 부르기도 하고 길게 노래를 흥얼거리기도 했다.

루이자는 마치 수도원에서 나온 수녀처럼 기도하는 마음으로 자기 앞에 놓인 날들을 세어 보았다.

메리 윌킨스 프리먼(Mary Wilkins Freeman, 1852-1930)은 미국 매사추세츠 출신의 단편소설 작가다. 청교도적이고 금욕적인 가정에서 성장했는데, 집안이 어려워지자 생계를 위해 글을 쓰기 시작했다. 뉴잉글랜드 시골 마을의 독신 여성, 미망인, 가난한 농가의 딸 등의 여성들의 삶을 다루며 여성의 자율성, 결혼 제도의 한계, 사회 규범과 개인의 갈등이라는 주제를 주로 다뤘다.

「뉴잉글랜드 수녀(A New England Nun)」(1891)의 주인공 루이자는 결혼을 약속한 존과 오랜 기간 떨어져 있다가 자신이 혼자 사는 고요한 생활이 얼마나 소중한지 깨닫는다. 우연히 존을 사랑하는 동네 처자가 있다는 사실을 알게 되고 다행스러운 마음으로 존을 보내준 후에 루이자가 혼자 집에서 자신 앞에 놓인 고요한 나날들을 감사해한다. 'uncloistered'는 '은둔하지 않은' '세속 사회에 열려 있는' '활동적인'이란 뜻으로 쓰인다.

암흑의 핵심 조지프 콘래드

novel

Droll thing life is - that mysterious arrangement of merciless logic for a futile purpose. The most you can hope from it is some knowledge of yourself—that comes too late—a crop of inextinguishable regrets

인생이란 우스꽝스러운 거야. 부질없는 목적을 위해 무자비한 논리를 불가사의하게 배열해놓은 것이 인생이니까. 그나마 우리가 인생에서 희망할 수 있는 최선의 것은 우리 자아에 대한 약간의 앎이야. 하지만 그건 늘 늦게 찾아오지. 결국 지울 수 없는 회한이나 거둬들이게 돼.

조지프 콘래드(Joseph Conrad, 1857-1924)는 지금의 우크라이나 지역에서 태어난 폴란드 출신 작가로, 20대때 배운 영어로 작품 활동을 했다는 점이 독특하다. 젊은 시절 선원으로 일했으며, 1890년 벨기에령 콩고에 파견된 경험을 바탕으로 1899년 『암흑의 핵심(Heart of Darkness)』을 집필했다. 1979년 영화 〈지옥의 묵시록〉의 원작으로도 알려진 이 소설에서, 범선의 선원 말로는 갑판 위에서 동료들에게 자신이 탐험했던 어둠의 땅에 관한 이야기를 들려준다. 그는 명망 높고 유능하다는 커츠를 찾아 나서지만 광기어린 모습의 커츠는 "horror, horror"라는 말을 남기고 죽음에 이르는데, 말로는 그 절규의 의미를 되묻는다.

현자의 선물 오 헨리   novel

And here I have lamely related to you the uneventful chronicle of two foolish children in a flat who most unwisely sacrificed for each other the greatest treasures of their house. But in a last word to the wise of these days let it be said that of all who give gifts these two were the wisest. Of all who give and receive gifts, such as they are wisest. Everywhere they are wisest. They are the magi.

나는 여기에 서로를 위해 가장 소중한 보물을 바보같이 희생시켜 버린, 작은 집에 사는 바보 같은 아이들의 평범하고 딱한 사연을 늘어놓았다. 다만 현대의 똑똑한 사람들에게 끝으로 하고 싶은 말은 사실은 이 두 사람이 가장 현명하다는 것이다. 선물을 주고받는 사람들 중에서 이들만큼 현명한 사람도 없다고 할 수 있겠다. 온 세상에서 이들이 가장 현명하다. 이들이 바로 동방박사다.

모두가 아는 오 헨리(O. Henry, 1862-1910)의 단편 「현자의 선물(The Gift of the Magi)」(1905)의 마지막 부분이다. 갑자기 서술자가 나와 소설의 덕목을 직접 설명하는 형식이 흥미롭다. 시계와 머리카락을 팔아버린 짐과 델라를 '두 명의 어리석은 아이들(foolish children)'이라고 칭하지만, 바로 이어서 이들이 가장 현명하다고 말한다. 원문에서 'wisest'라는 최상급 표현이 세 번 이상 나온다는 점이 잠시나마 이 주인공들의 선택을 안타깝게 여겼던 독자들을 충분히 위로한다. 한국 성서에서 동방박사로 번역된 헬라어 'magi'는 마술사, 점성술사를 뜻한다.

산딸기 안톤 체호프

novel

Its obvious that the happy man feels contented only because the unhappy ones bear their burden without saying a word: if it weren't for their silence, happiness would be quite impossible. It's a kind of mass hypnosis. Someone ought to stand with a hammer at the door of every contented man, continually banging on it to remind him that there are unhappy people around and that however happy he may be at that time, sooner or later life will show him its claws and disaster will overtake him in the form of illness, poverty, bereavement and there will be no one to hear or see him.

행복한 사람이 평안한 건 불행한 사람들이 말없이 자기 짐을 짊어지고 있어서죠. 그들의 침묵이 없었다면 그 행복은 불가능하겠죠. 어쩌면 집단 최면에 걸린 걸지도요. 만족하면서 사는 모든 인간의 문 뒤에 누군가 작은 망치를 들고 서서 두드리면서 상기시켜 줘야 해요. 이 세상에는 불행이 있고, 지금 아무리 행복해도 삶이 언젠가는 발톱을 드러내 병이 들고 가난해지고 상실을 겪을 지도 모른다는 걸요. 그때가 되면 지금 그가 다른 사람의 불행을 보지도 듣지도 못하듯이, 아무도 그의 불행을 보거나 들을 수 없게 될지도 몰라요.

안톤 체호프(Anton Chekhov, 1860-1904)는 여러 편의 단편 소설을 남겼는데, 그중 후기작인 「산딸기(Крыжовник)」(1898)와 「상자 속의 사나이」(1898) 「사랑에 관하여」(1898)는 체호프의 '소(小)삼부작'으로 불린다.

「산딸기」는 세 사람이 대화하는 형식으로 이반 이바니치가 자신의 동생 니콜라이의 삶을 들려준다. 니콜라이는 시골에서 산딸기를 키우며 살고 싶다는 꿈을 이루기 위해 평생을 구두쇠처럼 살면서 아내도 희생시킨 후 말년에 산딸기를 씹으며 만족감을 느낀다. 체호프는 행복을 위해 다른 사람의 불행을 외면하는 것이 타당한지 질문한다. 인생의 의미는 반드시 행복에 있는 것이 아니라 무언가 더 합리적이고 위대한 것이 있다는 주제의 작품이다.

싯다르타 헤르만 헤세

novel

I have had to experience so much stupidity, so many vices, so much error, so much nausea, disillusionment and sorrow, just in order to become a child again and begin anew. I had to experience despair, I had to sink to the greatest mental depths, to thoughts of suicide, in order to experience grace.

나는 참으로 많은 어리석음과 수많은 악덕, 수많은 과오와 혐오, 환멸과 슬픔을 겪어야만 했고 그 다음에야 다시 아이가 되어 새롭게 시작할 수 있었다. 절망을 맛보아야 했고, 스스로 목숨을 끊을 생각을 할 만큼 깊은 정신적 나락까지 갔다. 그 모든 것을 통과한 후에야 비로소 은총을 경험할 수 있었다.

헤르만 헤세(Herman Hesse, 1877-1962)의 『싯다르타(Siddhartha)』(1922)는 인도의 고대 배경을 빌려 인간이 스스로의 길을 통해 깨달음에 도달하는 과정을 그린 소설이다. 저자가 제1차 세계대전 이후 전쟁과 개인적 불안, 가족의 해체, 정신분석 경험을 하고 인도 철학, 불교, 힌두교 사상에 깊이 매료되었던 시기에 쓴 작품이다. 이 문장은 작품에서 계속 강조하는 주제로, 진리는 책이나 교리에서가 아니라 삶 자체를 통과하는 체험에서 얻을 수 있다고 말한다.

안나 카레니나 레프 톨스토이

novel

He knew she was there by the rapture and the terror that seized on his heart. She was standing talking to a lady at the opposite end of the ground. There was apparently nothing striking either in her dress or her attitude. But for Levin she was as easy to find in that crowd as a rose among nettles. Everything was made bright by her. She was the smile that shed light on all round her…. He stepped down, for a long while avoiding looking at her as at the sun, but seeing her, as one does the sun, without looking.

그는 그녀를 발견했고 기쁨과 함께 두려움에 사로잡혔다. 그녀는 스케이트장 반대편에 한 여인과 서서 이야기 나누고 있었다. 그녀의 복장이나 몸짓에는 전혀 특별한 데가 없었다. 하지만 레빈에게 이 많은 사람들 틈에서 그녀를 찾는 건 엉겅퀴 사이에서 장미를 찾는 것만큼 쉬웠다. 그녀로 인해 주위가 한층 밝아졌다. 그녀는 주변에 빛을 뿌리는 미소와도 같았다…. 그는 한 발 내려갔고 그녀가 마치 태양이기라도 한 것처럼 오래 동안 똑바로 바라보지는 못했다. 하지만 태양과 마찬가지로 눈으로 보지 않고도 그녀가 그곳에 있음을 알 수 있었다.

레프 톨스토이(Lev Tolstoi, 1828-1910)의 『안나 카레니나(Анна Каренина)』(1878)의 첫 문장 "행복한 가정은 모두 비슷한 이유로 행복하고, 불행한 가정은 저마다의 이유로 불행하다."가 가장 유명한데, 그 다음으로 사랑 받는 문장이 있다. 1부 9장에서 레빈이 태양에 비유하면서 키티를 발견하는 장면이다. 레빈은 키티에게서 마치 태양을 보지 않아도 그 존재를 느낄 수 있을 정도의 압도적인 존재감을 느낀다. 단순히 사랑의 감정을 넘어서 구원의 상징으로도 읽히는 대목이다.

몬테크리스토 백작 알렉상드르 뒤마

novel

There is neither happiness nor misery in the world; there is only the comparison of one state with another, nothing more. He who has felt the deepest grief is best able to experience supreme happiness. We must have felt what it is to die that we may appreciate the enjoyments of life.
Live, then, and be happy, beloved children of my heart, and never forget, that until the day God will deign to reveal the future to man, all human wisdom is contained in these two words, 'Wait and Hope'

이 세상에는 행복도 불행도 없습니다. 오직 하나의 상태와 다른 상태와 비교만 있을 뿐입니다. 그러므로 가장 큰 슬픔을 느껴본 자만이 지고의 행복을 경험할 수 있습니다. 산다는 것이 얼마나 멋진 일인지 알기 위해 한번 죽는 것이 어떤 기분인지 헤아려 보는 것도 필요할지 모릅니다.
내가 진심으로 사랑하는 두 분은 부디 사십시오. 그리고 행복해지십시오. 그리고 잊지 마십시오. 신이 인간에게 미래를 밝혀주실 그날까지 인간의 모든 지혜는 이 두 마디 말에 담겨 있습니다. '기다려라. 그리고 희망을 가져라.'

알렉상드르 뒤마(Alexandre Dumas, 1802-1870)는 역사와 모험을 결합한 대하소설로 세계적 명성을 누린 프랑스 대중문학의 거장이다. 아프리카계 혼혈로 인종적 편견을 겪었으며, 그의 아들인 뒤마 피스는 『춘희』(1848)를 남긴 소설가로, '대뒤마·소뒤마'로 불리곤 했다. 대표작『삼총사』(1844)와 『몬테크리스토 백작(Le Comte de Monte-Cristo)』(1845)은 잡지 연재 방식으로 독자를 사로잡으며 '페이지터너'의 전형을 만들었고 지금까지도 영화 뮤지컬로 끊임없이 각색된다. 발췌된 구절은 몬테크리스토 백작이 막시밀리앙에게 남긴 편지에 나온 문장이다.

essay

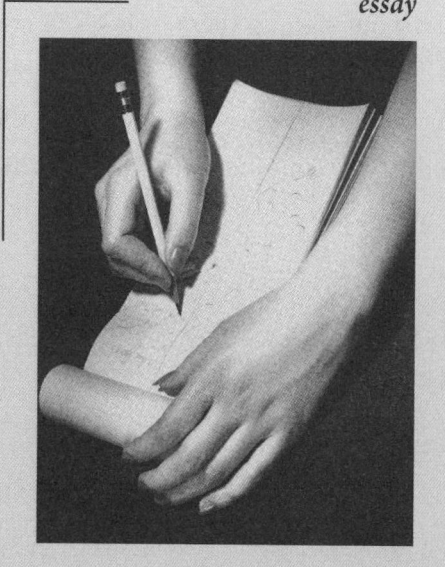

에세이°

자기만의 방 버지니아 울프

essay

Indeed, I would venture to guess that Anon, who wrote so many poems without signing them, was often a woman. It was a woman Edward Fitzgerald, I think, suggested who made the ballads and the folk-songs, crooning them to her children, beguiling her spinning with them, or the length of the winter's night.

사실 나는 익명으로 수많은 시를 쓴 사람들 일명 '작자 미상'이 실은 여성인 경우가 많았으리라고 감히 추측해봅니다. 에드워드 피츠제럴드가 주장한 것처럼 민담과 민요로 아이들을 어르고, 물레를 돌리거나 긴 겨울밤을 보낼 때 그 노래들로 무료함을 달랜 건 틀림없이 여성이었을 테니까요.

버지니아 울프의 「자기만의 방(A Room of One's Own)」(1929)은 케임브리지대학에서 진행된 '여성과 픽션'이라는 제목의 두 차례 강연을 토대로 한 원고다. "역사적으로 많은 작자 미상은 여성이었을 것이다." 이렇게 짧은 문장으로 변형되어 알려져 있지만 원문은 위와 같다. 셰익스피어의 누이가 있었다는 상상에서 시작한 글에 담긴 문장으로, 셰익스피어의 누이는 설거지를 하고 아이를 재우느라 이 자리에 오지 못한 수많은 여성들 안에 살아 있다고 말한다.

어느 영국인 아편 중독자의 고백 토마스 드 퀸시   essay

Surely everyone is aware of the divine pleasures which attend a wintry fireside; candles at four o'clock, warm hearthrugs, tea, a fair tea-maker, shutters closed, curtains flowing in ample draperies to the floor, whilst the wind and rain are raging audibly without.

누구나 한 겨울 벽난로 앞에서 누릴 수 있는 신성한 기쁨은 익히 알고 있을 것이다. 오후 네 시에 켠 촛불, 벽난로 앞에서 따뜻해진 카펫, 향기로운 차 한 잔, 차를 내려주는 고운 사람. 이때 문은 단단히 잠겨 있어야 하고 두꺼운 커튼은 바닥까지 내려와 있어야 하며, 저 바깥에서는 세찬 비바람이 몰아치고 있어야 한다.

토머스 드 퀸시(Thomas De Quincey, 1785-1859)는 영국 낭만주의 시대를 대표하는 저널리스트이자 수필가다. 어린 시절부터 병약하고 예민했던 그는 옥스포드대학에 입학했지만 학업을 마치지는 못했다. 자전적 에세이인 「어느 영국인 아편 중독자의 고백(Confessions of an English Opium-Eater)」(1812)은 밀도 높고 아름다운 문체로 유명하며 중독 문학의 시초로 일컬어진다. 비비언 고닉, 버지니아 울프도 이 책의 독창적인 스타일과 집요한 자기 탐구 방식에서 영감을 받았다고 말한 바 있다.
오후 4시의 촛불과 벽난로, 세찬 비바람과 같은 구체적인 이미지로 겨울의 어느 오후를 낭만적이고 따뜻하게 묘사한 이 단락은 펭귄출판사에서 꼽은 겨울과 관련된 가장 뛰어난 문장으로 꼽힌다.

여가 존 러벅

essay

Rest is not idleness, and to lie sometimes on the grass under trees on a summer's day, listening to the murmur of the water, or watching the clouds float across the sky, is by no means a waste of time.

휴식은 게으름이 아니다. 한 여름날 나무 아래 잔디에 누워 시간을 보내는 것, 종알거리는 시냇물 소리를 듣고 하늘에 두둥실 떠다니는 구름을 바라보며 한가히 보내는 건 결코 시간 낭비라고 할 수 없다

영국의 은행가이자 과학자, 고고학자, 정치가 그리고 작가로 왕성하게 활동한 존 러벅(John Lubbock, 1834-1913)은 그야말로 다재다능한 빅토리아 시대 지식인이었다. 찰스 다윈의 이웃으로 진화론 확산에 영향을 미쳤고 영국의 '은행 휴무일(Bank Holidays)' 제정을 주도한 인물로도 유명하다. 대표작은 『인생의 즐거움』(1889)과 『인생의 선용』(1894)인데 단정하고 깊이 있으면서도 고루하지 않은 내용이 담겨 있어 『아주 오래된 지혜』『인생사용법』『인생의 선용』『우리는 어떻게 살아야 할까』 등의 다양한 제목을 입고 현대인의 자기계발서로 꾸준히 재출간되고 있다.

발췌된 글은 1894년에 출간된 『아주 오래된 지혜』의 「여가(Recreation)」 중 한 구절로, 현대의 슬로우 라이프 또는 웰빙 담론 등과도 통해 자주 인용된다.

지적 생활 필립 길버트 해머튼

essay

The physical and intellectual lives are not incompatible. I may go farther, and affirm that the physical activity of men eminent in literature has added abundance to their material and energy to their style; that the activity of scientific men has led them to innumerable discoveries; Even philosophy itself owes much to mere physical courage and endurance. How much that is noblest in ancient thinking may be due to the hardy health of Socrates!

육체적인 삶과 지적인 삶은 서로 모순된 것이 아니다. 더 나아가 문학에서 두각을 나타낸 이들의 신체적 활동은 그들의 작품에 풍요로움을 더하고, 문체에는 생기를 불어넣었다. 과학자들의 활발한 움직임은 수많은 발견으로 이어졌다. 심지어 철학마저도 신체의 담력과 지구력에 많은 빚을 지고 있다. 고대 철학의 고귀한 사상들 가운데 얼마나 많은 것들이 소크라테스의 건강 덕분이었을까!

필립 길버트 해머튼(Philip Gilbert Hamerton, 1834-1894)은 영국의 에세이스트이자 예술 비평가다. 대표 저작인 『지적 생활(The Intellectual Life)』(1873)에서 지적인 삶을 위해 중요한 건 무엇보다 체력과 운동이라고 말하는 등 상당히 현대적인 관점을 전한다. 이 책은 몇 해 전 『지적 생활의 즐거움』이라는 제목으로, 최근에는 『어제보다 더 멍청해지기 전에』라는 제목으로 다시 출간되며 새로운 독자층에게 사랑받고 있다.

블랙 보이 리처드 라이트

I would hurl words into this darkness and wait for an echo, and if an echo sounded, no matter how faintly, I would send other words to tell, to march, to fight, to create a sense of the hunger for life that gnaws in us all.

나는 이 짙은 어둠 속으로 나의 말들을 던지고, 간절히 메아리를 기다릴 것이다. 아무리 희미할지라도 그 메아리가 들린다면 나는 다른 단어들을 보내어 그것들이 말하고, 행진하고, 싸우게 할 것이며, 우리 삶을 갉아먹고 있는 갈망을 알아차리게 할 것이다.

리처드 라이트(Richard Wright, 1908-1960)는 미국 미시시피주에서 태어나 파리에서 사망한 미국 흑인 문학계의 선구자적 작가로 제임스 볼드윈과 토니 모리슨 그리고 타네히시 코츠 등 이후 세대의 아프리카계 미국인 작가에게 지대한 영향을 미쳤다. 대표작은 미국 문학사에서 흑인 작가로서 최초로 대중적·비평적 성공을 거둔 장편소설 『미국의 아들』(1940)이다.

「블랙 보이(The Black Boy)」(1945)는 라이트의 어린 시절부터 청년기를 기록한 자전적 에세이로 글쓰기와 흑인의 자아와 세상과의 소통 방식을 탐구한다. 현실이라는 어둠 속에 단어를 던지고 '아무리 희미해도' 메아리를 기다린다는 표현이 강렬하고 절실하다. 그에게 글쓰기가 단순히 문학적 실천이 아니라 생존적 투쟁이나 정치적 선언이었음이 잘 나타난다.

월든 헨리 데이비드 소로우 essay

I went to the woods because I wished to live deliberately, to front only the essential facts of life, and see if I could not learn what it had to teach, and not, when I came to die, discover that I had not lived. I did not wish to live what was not life, living is so dear; nor did I wish to practise resignation, unless it was quite necessary. I wanted to live deep and suck out all the marrow of life, to live so sturdily and Spartan-like as to put to rout all that was not life, to cut a broad swath and shave close, to drive life into a corner, and reduce it to its lowest terms.

내가 숲으로 들어간 이유는 인생을 의도적으로 살고 싶어서였다. 인생의 본질적인 사실만을 직면하여 인생의 가르침을 확인하고 싶었고, 죽음의 문턱에서 내가 인생을 헛살았다는 것을 깨닫고 싶지 않았다. 나는 삶이 아닌 삶을 살고 싶지 않았는데 삶이란 매우 소중하기 때문이다. 불가피하지 않다면 체념을 연습하고 싶지도 않았다. 나는 깊이 살고 싶었고 삶의 골수만을 빨아들이고 싶었으며 스파르타인처럼 강건하게 살면서 삶이 아닌 모든 것을 쫓아내고 싶었다. 낫과 칼로 잡초를 베어내 구석으로 몰아넣어 기본적인 요소로 압축시키고 싶었다.

헨리 데이비드 소로우(Henry David Thoreau, 1817-1862)의 「월든(Walden)」에서 가장 유명한 구절이다. 자발적이고 단순한 삶을 통해 인생의 본질을 탐구하고자 했던 그의 철학이 응축되어 있다. 이제는 고전이 된 〈죽은 시인의 사회〉부터 최근 넷플릭스에서 공개된 〈옥스포드에서의 날들〉까지 여러 영화 등 대중 문화의 다양한 분야에서 폭넓게 인용되었다. '나는 숲으로 의도적으로 들어갔다…. 신용 카드 빚을 피하기 위해서.'처럼 유머러스하게 사용되기도 한다.

원문을 한번쯤 확인하는 것이 중요한 이유는 'deliberately'라는 단어 때문이다. 'deliberate'는 형용사로는 '고의의' '의도적인'이란 뜻을 갖는다. 동사로는 '심사위원'이나 '배심원' '신중하게 숙고하다'라는 뜻을 의미한다. 따라서 다양하게 번역할 수 있다. 그러나 "living deliberately"라는 「월든」의 원문을 알고 있으면 이 표현을 만날 때마다 맥락이나 의미 파악을 보다 쉽게 할 수 있을 것이다.

나는 왜 쓰는가 조지 오웰

essay

All writers are vain, selfish, and lazy, and at the very bottom of their motives there lies a mystery. Writing a book is a horrible, exhausting struggle, like a long bout with some painful illness. One would never undertake such a thing if one were not driven on by some demon whom one can neither resist nor understand.

For all one knows that demon is simply the same instinct that makes a baby squall for attention. And yet it is also true that one can write nothing readable unless one constantly struggles to efface one's own personality. Good prose is like a windowpane.

모든 작가는 허영심이 많고, 이기적이며, 게으르며 그들의 동기 밑바닥은 미스터리로 남아 있다. 책 한 권을 쓴다는 건 끔찍하고 힘겨운 싸움으로 고통스러운 병에 오래 시달리는 것과도 같다. 그런 일을 자발적으로 하겠다는 건 자신도 거역할 수 없고 이해할 수도 없는 어떤 악마에게 사로잡혀 있기 때문이리라.

어쩌면 그 악마란 결국 아기가 관심을 끌고 싶어하는 본능과 같은 것일지도 모른다. 하지만 그럼에도 읽을 만한 글을 쓰기 위해서는 자기 존재를 끊임없이 지우려는 노력이 필요한 것도 사실이다. 좋은 산문은 유리창처럼 투명하다.

조지 오웰은 『동물 농장』『1984』과 함께 예리하고 통쾌한 에세이도 다수 남겼다. 특히 작가라는 직업이나 글쓰기에 대한 글들은 너무나 솔직하고 통렬하며 작가들을 뜨끔하게 하고 위로하고 정신을 다잡게 만들기도 한다. 오웰은 자신이 글을 쓰는 네 가지 동기는 순전한 이기심과 미적 열정, 역사적 충동 그리고 정치적인 목적이며 자신의 글쓰기가 점점 정치적 목적에 가까워졌다고 말하고 있다.

19세기 여성 마거릿 풀러 essay

Male and female represent the two sides of the great radical dualism. But, in fact, they are perpetually passing into one another. Fluid hardens to solid, solid rushes to fluid. There is no wholly masculine man, no purely feminine woman.
Nature sends women to battle, and sets Hercules spinning; she enables women to bear immense burdens, cold, and frost; she enables the man, who feels maternal love, to nourish his infant like a mother.

남성과 여성은 남성과 여성은 위대한 근본적 이원성의 양면을 대표한다. 그러나 실제로 이들은 끊임없이 서로에게로 스며든다. 흐르는 액체가 단단한 고체가 되고, 고체가 다시 액체가 되기도 하는 것처럼 전적으로 남성적이기만 한 남자도, 순수하게 여성적인 여자도 없다고 할 수 있다.
자연은 여성을 전장으로 내보내고, 헤라클레스에게 물레를 돌리게 한다. 여성이 어마어마한 무게의 짐과 추위와 혹한을 견디게 하고, 모성애를 느끼는 남성이 어머니처럼 아기를 돌보게 하기도 한다.

마거릿 풀러(Margaret Fuller, 1810-1850) 미국 초월주의 사상가이자 여성주의 철학자다. 랄프 왈도 에머슨, 헨리 데이비드 소로우 등과 함께 초월주의 운동을 주도했고 《다이얼》 매거진의 편집자이자 미국 최초의 여성 외신 기자이기도 했다. 대표작 「19세기 여성(Woman in the Nineteenth Century)」은 미국 여성 해방 사상의 토대가 된 책으로 1845년에 출간된 책에서 젠더 역할이 고정적이지 않다고 주장한 것은 굉장히 선구적이라고 할 수 있다.

1850년 이탈리아에서 남편, 아들과 함께 배를 타고 귀국하다가 롱아일랜드 앞바다에서 배가 난파하여 익사했는데, 안타깝게도 그때 많은 원고와 편지가 유실되었다.

삶의 리듬 앨리스 메이넬

essay

If life is not always poetical, it is at least metrical….
Happiness is not a matter of events; it depends upon the tides of the mind. Disease is metrical, closing in at shorter and shorter periods towards death, sweeping abroad at longer and longer intervals towards recovery. Sorrow for one cause was intolerable yesterday, and will be intolerable to-morrow; to-day it is easy to bear, but the cause has not passed.

삶이 언제나 시적이지는 않더라도, 적어도 운율은 있다….
행복은 사건에 달려 있지 않고 마음의 밀물과 썰물에 달려 있다. 병에도 운율이 있어 죽음을 향해 가는 주기는 점점 짧아지고 회복으로 향하는 주기는 점점 길어진다. 어떤 연유에서 기인한 슬픔이 어제는 견디지 못할 정도로 슬프고 아마 내일도 견딜 수 없을 정도로 슬프겠지만 오늘은 원인이 사라지지 않았는데도 이상하게 견딜만해지기도 한다.

앨리스 메이넬(Alice Meynell, 1847-1922)은 19세기 말 영국 문학을 대표하는 시인이자 수필가다. 섬세하고 우아한 문체로 주목받았으며, 문학뿐 아니라 사회적 발언과 활동을 통해 여성의 목소리를 담아낸 지성인으로 평가받는다. 남성 중심 문단에서 희귀한 여성 비평가이자 편집자였고 G. K. 체스터턴은 '우리 시대 가장 뛰어난 산문가'라고 칭했다. "삶이 늘 시적이지는 않지만 운율은 있다."란 문장으로 시작되는 이 에세이 『삶의 리듬(Rhythm of Life)』(1893)은 현대인에게도 많은 사랑을 받고 있다.

퇴직한 사나이 찰스 램

essay

I have indeed lived nominally fifty years, but deduct out of them the hours which I have lived to other people, and not to myself, and you will find me still a young fellow. For that is the only true Time, which a man can properly call his own —that which he has all to himself; the rest, though in some sense he may be said to live it, is other people's Time, not his.

나는 숫자로만 따지면 50년을 살았지만 그 나이에서 내가 아니라 다른 사람들을 위해 산 세월을 빼보자. 그러면 난 아직 젊은 청년이라고 할 수 있다. 왜냐하면 사람이 진정 자신의 것이라 부를 수 있는 때란 온전히 자기에게만 투자한 세월이고, 그것만이 진짜 시간이기 때문이다. 나머지 시간은 자신이 살았다고 할 수는 있지만 다른 사람들의 시간이었지 그 사람의 시간을 산 건 아니니 말이다.

찰스 램(Charles Lamb, 1775-1834)은 영국의 수필가이자 시인이다. 글쓰기에 뛰어난 수재였지만 어려운 집안 사정으로 17세에 동인도 계열의 한 회사에 취직해 33년 동안 일했다. 평생 독신으로 살면서 가족의 생계를 책임졌고, 정신질환으로 인해 어머니를 사망에 이르게 한 누이도 병원에 보내지 않고 돌보았다.

신산한 삶을 살았지만 찰스 램의 수필에는 자기 연민이나 냉소보다는 유머와 애정과 사소한 것에 대한 애정이 담겨 있다. 특히 자기비하적인 유머를 세련되고 인간적으로 구사하는 작가로 위의 글이 실린 「퇴직한 사나이(The Superannuated Man)」(1823)에서 퇴직 후의 나날을 '감옥에서 풀려난 죄수가 자유를 낯설어하는 것'이라고 비유하기도 한다.

정통주의 G. K. 체스터튼

essay

Angels can fly because they can take themselves lightly. Seriousness is not a virtue. It would be a heresy, but a much more sensible heresy, to say that seriousness is a vice. It is really a natural trend or lapse into taking one's self gravely, because it is the easiest thing to do. It is much easier to write a good Times leading article than a good joke in Punch. For solemnity flows out of men naturally; but laughter is a leap. It is easy to be heavy: hard to be light. Satan fell by the force of gravity.

천사들이 날 수 있는 이유는, 스스로를 가볍게 여길 줄 알기 때문이다. 진지함은 미덕이 아니다. 오히려 악덕이라고 말하는 편이 더 이치에 맞을지 모른다. 진지해진다는 것은 본인을 너무 중요하게 여기는 경향인데 그것이야말로 세상에서 가장 쉬운 일이다. 《타임스》에 사설 한 편을 쓰는 것보다, 《펀치》에 실릴 만한 농담 하나를 쓰는 일이 훨씬 더 어렵다. 엄숙함은 인간에게서 자연스럽게 흘러나오는 기질이지만 웃음은 한 단계 뛰어넘는 도약이다. 무거워지기는 쉽고 가벼워지기가 어렵다. 사탄은 중력의 힘 때문에 추락했다.

G. K. 체스터턴(G. K. Chesterton, 1874-1936)은 '역설의 대가(The Prince of a Paradox)'로도 불리는 영국 작가로 시, 수필, 전기, 문화 비평, 판타지와 탐정 소설 등 다양한 장르에서 많은 저술을 남겼다. 호탕한 성격과 키 190cm가 넘는 거구로 유명했고, 자신의 체격에 대해서 가벼운 농담을 하는 것을 즐겼다. 「정통주의(Orthodoxy)」(1908)는 가톨릭으로 개종하기 전에 자신의 기독교 신앙관과 세계관을 지적으로 옹호한 에세이집으로 기독교 신앙 변증가인 C.K.루이스에게도 영향을 미쳤다.

신조 잭 런던   essay

I would rather be ashes than dust!
I would rather that my spark should burn out
in a brilliant blaze than it should be stifled by dry-rot.
I would rather be a superb meteor,
every atom of me in magnificent glow,
than a sleepy and permanent planet.
The function of man is to live, not to exist.
I shall not waste my days trying to prolong them.
I shall use my time.

먼지보다는 차라리 재가 되리!
안에서부터 썩어 질식하느니
찬란한 불꽃으로 타오르다 꺼져버리리.
생기 없이 영원히 존재하는 행성보다는,
내 안의 모든 원소가 빛을 뿜어내는 유성이 되리.
인간의 사명은 단지 존재하는 것이 아니라 살아 있는 것.
내 생을 연장시키기 위해 주어진 날들을 허비하지 않고
내 시간으로 사용하리라.

대표작 『야성의 부름』(1903)을 남긴 미국의 소설가이자 사상가 잭 런던(Jack London, 1876-1916)은 짧지만 격정적인 생을 살았다. 흔히 「잭 런던의 신조(Jack London Credo)」(1956)라고도 알려진 이 글은 그의 사망 몇 주 전에 잭 런던을 방문했던 기자가 《샌프란시스코 불레틴》의 쓴 기사의 일부인데, 1956년에 출간된 단편 모음집의 서문에도 실렸다. 잭 런던이 정말 한 말인지 기자의 윤색이 가미된 것인지 확실하지 않지만 먼지보다는 재가 되겠다는 첫 줄의 표현은 잭 런던의 편지와 다른 글에 실제로 등장한 적이 있다. 이는 제임스 본드 시리즈 〈007 두 번 산다〉 〈노 타임 투 다이〉에서도 언급되었다.

여자도 인간인가? 도로시 세이어스

"What," men have asked distractedly from the beginning of time, "what on earth do women want?" I do not know that women, as women, want anything in particular, but as human beings they want, my good men, exactly what you want yourselves: interesting occupation, reasonable freedom for their pleasures, and a sufficient emotional outlet. What form the occupation, the pleasures and the emotion may take, depends entirely upon the individual.

"여자들이 원하는게 대체 뭡니까?" 거의 태초부터 남자들은 심란한 얼굴로 묻는다. 글쎄다. 여자들이 여성으로서 특별히 원하는 바가 있는지는 모르겠다. 하지만 인간으로서 그들이 원하는 것이 있으니, 여러 훌륭한 신사 분들, 바로 당신들이 원하는 것과 꼭 같다고 보면 된다. 흥미로운 직업, 여가 생활을 누릴 수 있는 자유, 충분한 감정 표현을 할수 있는 창구. 어떤 직업을 원하고 어떤 즐거움을 원하고 어떤 감정을 느끼냐고 묻는다면 그것은 전적으로 개인에 따라 다르다.

영국의 소설가이자 번역가, 에세이스트인 도로시 세이어스(Dorothy L. Sayers, 1893-1957)는 옥스퍼드 대학 최초의 여성 졸업생 중 한 사람이다. 추리 소설 『피터 윔지 경 시리즈』를 썼고, 단테를 번역한 것으로도 유명하다. 에세이 「여자도 인간인가?(Are Women Human?)」는 1938년과 1947년에 각각 발표한 두 편의 강연을 바탕으로 한 짧은 에세이다. 당시 여성 문제를 논하는 방식이 "여성은 무엇을 원하나?" "여성은 이 일에 적합한가?"처럼 성별을 전제로 하기에 이에 대해 반발하기 위해 했던 강연이였으나 지금까지도 시의성 있는 질문이자 답으로 읽힌다.

서적광의 해부 홀브룩 잭슨

essay

The time to read is any time: no apparatus, no appointment of time and place, is necessary. It is the only art which can be practiced at any hour of the day or night, whenever the time and inclination comes, that is your time for reading; in joy or sorrow, health or illness…. Never put off till tomorrow the book you can read today.

책 읽기 좋은 때란 따로 없다. 아무 때나 읽으면 된다. 도구도 필요 없고 시간 약속을 할 필요도 장소를 정할 필요도 없다. 독서란 낮이나 밤이나 어느 시간대 즐길 수 있는 유일한 예술이다. 나에게 책 읽을 시간이 있고 책을 읽고 싶을 때가 바로 책 읽기 좋은 시간이다. 기쁘거나 슬프거나 아프거나 건강하거나 상관없이 책은 읽을 수 있다….오늘 읽을 책을 내일로 미루지 말라.

홀브룩 잭슨(Holbrook Jackson, 1874-1948)은 영국의 문필가이자 출판인으로, 평생을 책에 대한 책을 쓰는 데 헌신한 사람으로 알려져 있다. 「서적광의 해부(The Anatomy of Bibliomania)」(1930)는 독서와 책 수집 문화에 대한 방대한 자료를 열거한 백과사전 같은 책이다. '-philia'가 붙은 'bibliophilia'는 우리말로는 '애서가'로 옮길 수 있다. '-mania'가 붙은 'bibliomania'는 책의 소유에 집착하는 사람들로 '장서가' '장서광' '서적광'으로 번역할 수 있다. 한국어의 '책벌레'는 영어로도 'bookworm'인데 책을 정말 닥치는 대로 읽는 사람을 말할 때는 'voracious reader', 열렬한 독서가는 'avid reader'라고 한다.

1915년 녹스빌, 여름 제임스 에이지

One is an artist, he is living at home. One is a musician, she is living at Home. One is my mother who is good to me. One is my father who is good to me. By some chance, here they are, all on this earth; and who shall ever tell the sorrow of being on this earth, lying, on quilts, on the grass, in a summer evening, among the sounds of the night. May God bless my people, my uncle, my aunt, my mother, my good father, oh, remember them kindly in their time of trouble; and in the hour of their taking away.

한 남자는 화가이고 집에 산다. 한 여자는 음악가이고 역시 집에 있다. 한 사람은 내 어머니로 나에게 무척 잘해준다. 또 한 사람은 내 아버지로 역시 나에게 다정하다. 어떤 우연으로 이 사람들이 이렇게 모두 같은 땅 위에 살게 되었다. 이 세상에서 살아간다는 것의 슬픔에 대해 말해줄 사람들이 어느 여름날 저녁 여름밤의 소리 속에서 잔디 위에 깐 퀼트 위에 다 같이 누워 있다. 오, 하느님. 나의 사람들, 삼촌, 이모, 엄마, 아빠를 축복하소서. 이들이 어려움에 처했을 때도, 이 세상을 떠나는 순간에도 기억해 주옵소서.

제임스 루퍼스 에이지(James Rufus Agee, 1909-1955)는 20세기 미국의 소설가다. 자전적 소설이자 유작인 『가족의 죽음』은 1958년 퓰리처상을 수상했으며, 2005년 《타임》 선정 100대 영문소설, 하버드대 문학강의 텍스트에 선정되는 등 미국 현대문학의 고전 반열에 올랐다. 28세에 「1915년 녹스빌 여름(Knoxville: Summer of 1915)」(1947)이라는 매혹적인 산문시를 썼는데 90분 동안 자유 연상 작용을 이용해 다섯 페이지를 썼다. 처음에는 《파리 리뷰》에 실렸고 사후 발표된 『가족의 죽음』 서문에 실렸다. 향수 어린 날들에 대한 미국의 여름을 묘사한 가장 아름다운 글로 뽑히며 미국 작곡가 사무엘 바버가 이 글에 곡을 붙여 작곡한 곡이 현재도 오케스트라 성악곡으로 자주 연주된다.

렐릭 맥스 비어봄

essay

There is much to be said for failure. It is more interesting than success. It is proof, at least, that a man has tried to do something which he could not do, something worth doing, something perhaps which no one else could do.

실패에 대해서는 할 수 있는 말이 참으로 많다. 성공보다 훨씬 재미있기도 하다. 실패란, 적어도 이 세상에 어떤 한 사람이 자기가 할 수 없는 무언가를 했다는 증거, 해볼 가치가 있었고 어쩌면 다른 누구도 할 수 없는 시도를 했다는 뜻이기도 하다.

맥스 비어봄(Sir Max Beerbohm, 1872-1956)은 영국의 풍자 작가이자 수필가, 캐리커처 작가다. 패러디의 대가로, 『줄리카 돕슨』(1911) 등의 소설을 발표했다. 옥스퍼드대학에 다닐 때부터 유머러스한 작가로 정평이 나 있었다. 1935년부터는 라디오 방송인으로 활약하기도 했다. "사람들은 베푸는 사람이나 손님 둘 중에 하나로 태어난다.(People are either born hosts or born guests.)" "역사는 반복되지 않는다. 역사가들이 서로를 반복할 뿐이다.(History does not repeat itself. The historians repeat one another.)" 등과 같이 재치 있는 짧은 경구들을 많이 남긴 것으로도 유명하다.

헨리 라이크로프트의 수상록 조지 기싱　essay

Time is money — says the vulgarest saw known to any age or people. Turn it round about, and you get a precious truth —money is time. With money I buy for cheerful use the hours which otherwise would not in any sense be mine; nay, which would make me their miserable bondsman. Money is time, and, heaven be thanked, there needs so little of it for this sort of purchase. He who has overmuch is wont to be as badly off in regard to the true use of money, as he who has not enough. What are we doing all our lives but purchasing, or trying to purchase, time? And most of us, having grasped it with one hand, throw it away with the other.

시간은 돈이다—이 말은 어느 시대, 어느 민족을 막론하고 가장 천박한 속담이다. 하지만 이 말을 뒤집어 보면 소중한 진실이 나오는데, 바로 돈이 시간이라는 것. 돈으로 원래 내 것이 아니었을 시간들, 나를 노예처럼 옭아맸을 시간을 산다. 돈은 시간이고 감사하게도 이 시간을 사는 데 그렇게까지 많은 돈이 들지는 않는다. 돈이 너무 많은 사람이 돈이 없는 사람과 마찬가지로 돈을 제대로 쓰지 못할 때가 있다. 결국 우리가 이 생애에 하고 있는 건 시간을 사거나 시간을 사려고 애쓰고 있는 일 아닐까? 그리고 우리 대부분은 간신히 한 손으로 잡은 시간을 다른 손으로 던져버리곤 한다.

조지 기싱(George Gissing, 1857-1903)은 빅토리아 후기 영국 소설가다. 생계형 작가로서 번역과 기고, 잡문 등을 쓰면서 근근히 살았던 그의 작품에는 빈곤, 계급, 문인 생활의 고달픔이라는 테마가 흐르고 있다. 소설 『뉴 그럽 스트리트』(1891)는 문단의 횡포와 가난한 작가들의 현실을 그렸고, 『짝 없는 여자들』(1893)은 훗날 비비언 고닉의 에세이 제목이 되기도 했다.

이 글은 「헨리 라이크로프트의 수상록(The Private Papers of Henry Ryecroft)」(1903) 중 겨울에 나오는 문단이다. 돈 자체보다는 돈이 주는 자유를 갈망했다는 부분은 무라카미 하루키가 성공한 작가가 되어 가장 좋은 점은 시간을 사게 되었다고 말한 인터뷰가 떠오르기도 한다.

걷는 여자 메리 헌터 오스틴

essay

She was the Walking Woman. That was it. She had walked off all sense of society-made values, and, knowing the best when the best came to her, was able to take it. Work,– as I believed; love,–as the Walking Woman had proved it; a child,– as you subscribe to it. But look you: it was the naked thing the Walking Woman grasped, not dressed and tricked out, for instance, by prejudices in favor of certain occupations; and love, man love, taken as it came, not picked over and rejected if it carried no obligation of permanency; and a child; any way you get it, a child is good to have, say nature and the Walking Woman; to have it and not to wait upon a proper concurrence of so many decorations that the event may not come at all.

그녀는 걷는 여자였다. 그뿐이었다. 사회가 만든 모든 가치관을 떨친 채 걸었고 가장 좋은 것이 찾아왔을 때는 그것을 알아보고 받아들일 줄 알았다. 좋은 것이란 내가 믿기로는 일, 여인이 몸소 증명한대로 사랑, 많은 이들이 동의하는 대로 아이다. 하지만 주목할 것은 걷는 여인이 어떠한 치장이나 허상도 없이 본질 그 자체를 받아들였다는 점이다. 일을 택할 때 편견이나 체면 따위는 중요하지 않았고 사랑을 할 때는 의무감이나 미래의 약속 때문에 하지 않았으며 아이는 가질 수 있기에 가졌다. 어쩌면 자연과 걷는 여인은 말하고 있을지 모른다. 적절한 시기나 형식을 기다리지 말고 잡으라고. 그렇지 않으면 우리에겐 그 어느 것도 찾아오지 않을지도 모른다고.

메리 헌터 오스틴(Mary Hunter Austin, 1868-1934)은 미국 남서부를 대표하는 초기 자연 작가 중 한 명이다. 캘리포니아 남부의 하이시에라와 모하비 사막에서 살아가는 동식물, 사람들을 묘사하는 『메마른 땅』(1903)은 대표작 중 하나다. 작가는 모하비 사막을 거침없이 걷는 여자가 있다는 소문을 듣고, 그녀를 직접 만나 살아온 이야기를 들으며 자신답게 산다는 게 무엇인지 되짚어본다. 1900년대 초 서부 문학에 이렇게 자기 결정권을 갖고 있는 주체적 여성이 그려져 있다는 점이 참신하다. 셰릴 스트레이드가 2012년에 출간한 책 『와일드』나 클로이 자오 감독의 2021년 영화 〈노매드랜드〉가 연상되기도 한다.

파리는 날마다 축제 어니스트 헤밍웨이

essay

But sometimes when I was starting a new story and I could not get it going, I would sit in front of the fire and squeeze the peel of the little oranges into the edge of the flame and watch the sputter of blue that they made. I would stand and look out over the roofs of Paris and think, 'Do not worry. You have always written before and you will write now. All you have to do is write one true sentence. Write the truest sentence that you know.' So finally I would write one true sentence, and then go on from there.

가끔은 새로운 이야기를 시작한 다음 더 앞으로 나갈 수 없을 때는 난로가에 앉아서 오렌지 하나를 깐 다음 불 안에 넣고 타닥타닥 타오르는 푸른색 불꽃을 바라본다. 그리고 일어나서 파리의 지붕을 바라보며 생각한다. "걱정하지 말자. 이전에도 글을 썼고 지금도 글을 썼으니까. 내가 할 일은 하나의 진실한 문장을 쓰는 거다. 내가 아는 진정한 문장 하나만 쓰는 것." 결국 나는 하나의 진실한 문장을 쓸 것이고, 그 자리에서부터 다시 시작하는 것이다.

헤밍웨이의 사후 출간된 에세이 「파리는 언제나 축제(A Moveable Feast)」(1964)에는 파리, 청춘, 여행, 계절, 글쓰기에 관한 간결하고 아름다운 문장들이 많다. 특히 헤밍웨이의 글쓰기 철학을 상징하는 '하나의 진실한 문장'은 이후 여러 작가와 창작자들에게 영감을 주었고 글쓰기 워크숍에서도 자주 언급된다. 폴 오스터나 셰릴 스트레이드는 직접 언급하기도 했다.

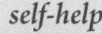

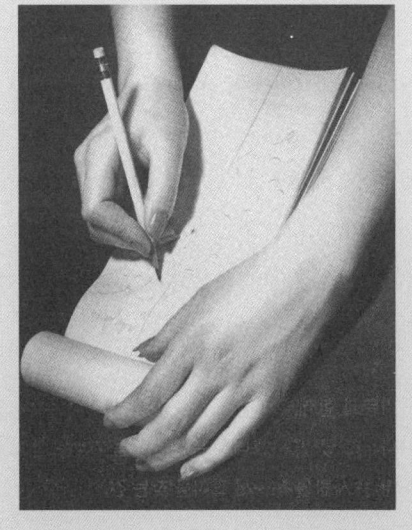

자기계발°

자립 랄프 왈도 에머슨

self-help

There is a time in every man's education when he arrives at the conviction that envy is ignorance; that imitation is suicide; that he must take himself for better, for worse, as his portion; that though the wide universe is full of good, no kernel of nourishing corn can come to him but through his toil bestowed on that plot of ground which is given to him to till. The power which resides in him is new in nature, and none but he knows what that is which he can do, nor does he know until he has tried.

사람은 누구나 교육을 받는 과정에서 어떤 확신에 도달하는 때가 온다. 먼저 부러움은 무지이고 모방은 자살이라는 것. 좋건 나쁘건 자기 자신을 자기 몫으로 받아들여야 한다는 것이다. 이 광대한 우주가 선으로 가득하다 해도 나에게 주어진 땅을 갈고 닦는 수고를 하지 않으면 옥수수 알갱이 하나도 얻을 수가 없다. 내 안에 깃든 힘은 자연 속에서 너무나 새로운 것이지만 내가 무엇을 알 수 있는지 아는 건 오직 나 뿐이고 그조차도 시도하기 전까지는 모른다.

랄프 왈도 에머슨(Ralph Waldo Emerson, 1803-1882)은 미국 초월주의(Transcendentalism) 운동의 중심 인물이다. 1841년에 발표한 「자립(Self-Reliance)」은 현대 자기계발서의 시초로 꼽히는 글로, 이 문단 안에 타인의 기준에 맞추지 말고 스스로를 신뢰할 것, 독립적으로 사고하고 자신을 차별화할 것, 가장 중요한 것은 도전이라는 것과 같은 메시지가 촘촘히 담겨 있다.

오래 전 글이다 보니 전체를 지칭할 때 3인칭 남성대명사 'he'를 쓰고 있지만 현대 자기계발서에서는 보통 주어로 'you'가 많이 나온다. 번역 초창기에 자기계발서의 'you'를 당신으로 번역하면 어색한 번역투가 되지만 가끔씩 '나는' 혹은 '우리는'으로 번역하면 자연스러운 한국말에 가까워진다는 것을 발견하고 환호했던 기억이 있다.

생각의 지혜 제임스 앨런　　　　　　　　　　　　　　　self help

Cherish your visions.
Cherish your ideals.
Cherish the music that stirs in your heart, the beauty that forms in your mind, the loveliness that drapes your purest thoughts.
For out of them will grow all delightful conditions, all heavenly environment, of these, if you but remain true to them, your world will at last be built.

비전을 소중히 하라.
이상을 소중히 하라.
당신의 마음을 뒤흔드는 음악을, 마음에서 생성되는 아름다움을, 가장 순수한 생각을 조심스럽게 덮은 그 사랑스러움을 모두 소중히 하라. 그것들로부터 가장 좋은 조건과 천상의 환경이 자라나고, 그에 끝까지 충실하다면 마침내 당신의 세계가 완성될 것이다.

제임스 앨런(James Allen, 1864-1912)은 오늘날의 자기계발서의 원류를 만든 것으로 여겨지는 영국 작가다. 나폴레옹 힐이나 노먼 빈센트 필 같은 자기계발 작가들의 긍정적 사고, 끌어당김의 법칙은 앨런의 사상에서 큰 영향을 받았다. 가난한 가정에서 태어나 독학으로 문학과 철학과 종교를 공부했으며 사업 실패 후 경제적 어려움 속에서 글쓰기를 진지하게 시작했다. 소박한 집에서 전업작가로 살며 꾸준히 명상집 등을 집필했고, 사후에 아내가 미발표 원고들을 출간하며 더 유명해졌다.

대표작 『생각의 지혜(As a Man Thinketh)』(1903)는 '생각의 법칙' '생각하는 대로 이루어진다' 등과 같은 제목으로도 번역 출간되어 있다. 발췌된 대목은 동기부여 문구로 주로 쓰인다.

인간 관계론 데일 카네기

self help

If you want others to like you, if you want to develop real friendships, if you want to help others at the same time as you help yourself, keep this principle in mind: Become genuinely interested in other people.

You can make more friends in two months by becoming interested in other people than you can in two years by trying to get other people interested in you.

다른 사람들이 당신을 좋아하길 바란다면, 진정한 우정으로 발전시키고 싶다면, 다른 사람들을 돕는 동시에 당신 자신도 돕기를 원한다면 이 원칙만 기억하고 있으면 된다. 다른 사람에게 진심으로 관심을 가질 것.

사람들이 나에게 관심 갖게 만들기 위해 노력한 2년 보다 내가 다른 사람에게 관심을 갖는 두 달 동안 더 많은 친구를 사귈 수 있다.

데일 카네기(Dale Carnegie, 1888-1955)의 『인간 관계론(How to Win Friends and Influence People)』(1936)에서 '사람들이 당신을 좋아하게 만드는 여섯 가지 방법' 중 제1원칙에 해당하는 말이다. 시대와 장소를 초월한 베스트셀러인 이 책을 처음 접한 젊은 독자들은 'genuinely'라는 단어에 주목하면서 굉장히 현실적이고 실용적인 조언이라고 말하기도 한다. 상대에게 관심을 갖는 척하는 것이 아니라 진정으로, 진심으로 관심을 가졌더니 효과가 있었다고 고백하기도 한다. 같은 장 안에서는 '강렬하게(intensely)' 타인에게 관심을 가지라는 문장도 있다.

카네기가 말하는 법칙은 '웃어라' '이름을 기억하라' '경청하라' '상대가 중요한 사람이라고 느끼게 만들어라' 등이다. 어디에도 '내가' 어떤 매력으로 상대를 사로잡아야 하고, 내가 어떻게 말해야 하는지를 강조하는 부분은 없다.

자서전 벤저민 프랭클린 self help

But on the whole, though I never arrived at the perfection I had been so ambitious of obtaining, but fell far short of it, yet I was, by the endeavour, a better and happier man than I otherwise should have been had I not attempted it; as those who aim at perfect writing by imitating the engraved copies, their hand is mended by the endeavour, and is tolerable while it continues fair and legible.

나는 완벽함을 너무도 열망했으나 그곳에 도달하기는커녕 전혀 미치지도 못했다. 하지만 나는 그 사이 적지 않은 노력을 했기에 시도하지 않았다면 되지 못했을 더 나은 사람, 더 행복한 사람이 되었다. 완벽한 글씨를 목표로 필사본을 모방하는 사람을 생각해보자. 원하는 경지는 아니더라도 노력 덕분에 손이 교정이 되고 필체는 점점 더 단정해지고 읽기에 좋아지는 것이다.

'미국 건국의 아버지(Founding Fathers of the United States)' 중 한 사람이자 미국 100달러 지폐의 인물이기도 한 벤저민 프랭클린(Benjamin Franklin, 1706-1790)은 1776년 미국 독립 선언문 작성과 헌법 제정에 중요한 역할을 한 인물이다. 자서전은 사후에 발표되었는데, 미국 최초의 고전적인 자서전이자 미국적 자기계발서의 원형이라고 할 수 있다.

자조론 새뮤얼 스마일스

self help

Hope is like the sun, which, as we journey towards it, casts the shadow of our burden behind us. ...Hope sweetens the memory of experiences well loved. It tempers our troubles to our growth and our strength. It befriends us in the dark hours, excites us in bright ones. It lends promise to the future and purpose to the past. It turns discouragement to determination.

희망은 태양과도 같아서 우리가 희망 쪽으로 나아갈 때 우리의 무거웠던 짐은 우리 뒤로 난 긴 그림자가 된다. 희망은 사랑했던 경험의 기억을 달콤하게 하고, 고난을 성숙과 힘으로 바꾸어준다. 희망은 어두운 나날에 벗이 되어주고, 즐거운 시절에 우리를 들뜨게 한다. 희망은 미래에는 약속이 되고 과거에는 의미를 부여한다. 낙심을 결단으로 바꾸는 것도 희망이다.

새뮤얼 스마일스(Samuel Smiles, 1812-1904)는 영국의 작가이자 정치인으로, "하늘은 스스로 돕는 자를 돕는다.(Heaven helps those who help themselves.)"라고 말한 것으로 유명한 사람이기도 하다. 14살 때 학교를 중퇴하고 의사의 도제 생활을 거쳐 에든버러대학 의대를 졸업한 후 병원을 개업하여 가난한 주민들을 위해 의료 봉사활동을 시작했다. 의사 생활을 그만두고 신문사를 인수했지만 경영난으로 고초를 겪다가 1859년 『자조론』이 100만 부 이상 팔리면서 성공을 거두었다. 『자조론』 외에 『인격론』 『검약론』 『의무론』이 여전히 고전 자기계발서로 번역되고 읽힌다.

play

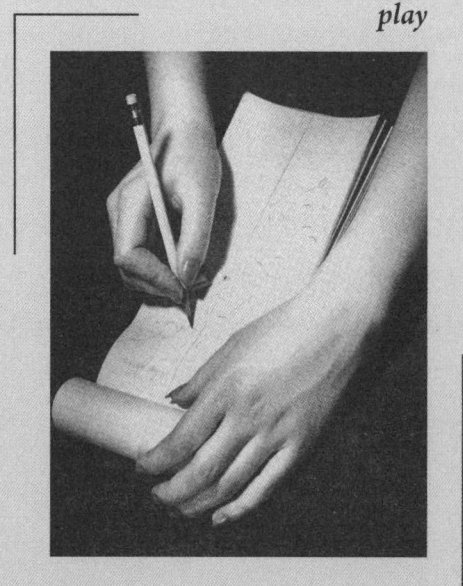

희곡 °

바냐 아저씨 안톤 체호프   play

What can we do? We must live our lives. We shall live through the long procession of days before us, and through the long evenings; we shall patiently bear the trials that fate imposes on us; we shall work for others without rest, both now and when we are old; and when our last hour comes we shall meet it humbly, and there, beyond the grave, we shall say that we have suffered and wept, that our life was bitter, and God will have pity on us. Ah, then dear, dear Uncle, we shall see that bright and beautiful life; we shall rejoice and look back upon our sorrow here; a tender smile—and—we shall rest.

어떡하겠어요. 살아야죠! 바냐 외삼촌, 우리 살도록 해요. 숱한 낮과 기나긴 밤들을 살아나가요. 운명이 보내는 시련을 참을성 있게 견디면서요. 지금도 늙어서도 다른 사람들을 위해 쉬지 말고 일해요. 그러다 우리의 시간이 오면 공손히 죽음을 받아들이고 무덤 너머에서 말하도록 해요. 우리는 고통 받았고, 울었노라고. 우리 생은 쓰라렸다고. 하느님이 우릴 가엾게 여기시겠죠. 아, 그때 저와 사랑하는 외삼촌은 밝고 환하고 아름다운 삶을 눈 앞에 두고 보면서 지금 이곳에서의 아픔은 웃으며 뒤돌아볼 거예요. 그때가 되면 우린 비로소 쉴 수 있을 거예요.

안톤 체호프는 일상의 사소한 순간 속에 인간의 희망과 허무를 담아내는데 탁월하다. 〈바냐 아저씨(Дядя Ваня)〉는 1899년에 모스크바예술극장에서 초연된 희곡이다. 〈숲속의 정령〉을 개작한 작품으로 바냐 아저씨와 외조카 소냐는 시골 영지를 관리해왔는데 소냐의 아버지가 젊은 아내와 돌아와 영지를 팔려는 계획을 밝힌다. 이를 알게 된 바냐가 그동안 존경해왔던 매형을 총으로 살해하려다 실패하고 다시 원래대로의 무기력한 삶을 이어가게 되었을 때 소냐가 하는 말이다.
체호프의 다른 희곡처럼 극적인 사건이 없이도 주인공들의 심리와 그 밑에 깔린 슬픔, 무력, 좌절을 그리고 있다. 특히 이 대사에서 나타나는 희망 없는 희망, 비극도 희극도 아닌 결말이 인간의 삶과 맞닿아 있다고 느껴지기도 한다.

밤으로의 긴 여로 유진 오닐   play

It was a great mistake, my being born a man, I would have been much more successful as a seagull or a fish. As it is, I will always be a stranger who never feels at home, who does not really want and is not really wanted, who can never belong, who must be a little in love with death!

내가 인간으로 태어난 것은 큰 실수였어. 차라리 갈매기나 물고기로 태어났다면 훨씬 더 성공한 갈매기가 물고기가 되었을텐데. 그래서 난 언제나 이방인일 수 밖에 없나봐. 어디에서도 집처럼 느끼지 못하고, 스스로도 무엇을 원하는지 모르고, 남들도 나를 진정으로 원하지 않고, 어디에도 속할 수 없는 존재. 어쩔 수 없이 죽음과 약간 사랑에 빠진 존재.

유진 글래드스톤 오닐(Eugene Gladstone O'Neill, 1888-1953) 노벨문학상을 받은 미국 희곡 작가로 사실적이고 비극적인 작품을 다수 남겼다. 호텔방에서 태어나 호텔방에서 죽은 불행한 삶을 살았다. 아버지는 알코올 중독, 어머니는 모르핀 중독이었고 자녀들과도 절연했다. 딸 우나 오닐은 부모의 반대를 무릅쓰고 36살 연상의 배우 찰리 채플린의 네 번째 아내가 되기도 했다.

〈밤으로의 긴 여로(Long Day's Journey into Night)〉는 작가의 개인사가 반영된 작품으로 1941년에 쓰였지만 작가의 사후인 1956년에 초연되었다. 발췌된 대사의 화자는 둘째 아들 에드먼드로, 이 대사가 포함된 긴 독백에서 자신은 수영할 때나 바닷가에 있을 때만 잠시 환희와 평화를 느꼈고 단 1초 정도 삶에 의미가 있다고 생각했으나 곧 안개처럼 사라져 버렸다고 말한다. 지독한 비관주의처럼 느껴지지만 너무나 아름답고 문학적이라 빠져들 수밖에 없는 독백들로 가득한 희곡이다.

1962년 시드니 루멧 감독 캐서린 햅번 주연으로 영화화되었고, 햅번은 이 영화로 칸 영화제에서 여우주연상을 받았다.

인형의 집 헨리크 입센 play

Nora	What do you consider my most sacred duties?
Helmer	Do I need to tell you that? Are they not your duties to your husband and your children?
Nora	I have other duties just as sacred.
Helmer	That you have not. What duties could those be?
Nora	Duties to myself.
Helmer	Before all else, you are a wife and mother.
Nora	That I no longer believe. I think that before all else I am a human being, just as much as you are—or at least I will try to become one.

노라	당신은 나의 가장 신성한 의무가 뭐라고 생각하죠?
헬무르	그걸 내 입으로 말해야 아나? 당연히 남편과 아이들에 대한 의무 아니면 뭐겠소.
노라	그것만큼 신성한 다른 의무도 있어요.
헬무르	그런 건 없어요. 대체 어떤 의무를 말하는 거요?
노라	나 자신에 대한 의무죠.
헬무르	그 무엇보다 당신은 가장 먼저 아내이고 엄마에요.
노라	더 이상 그 말을 믿지 않아요. 나는 그 무엇보다 인간이에요. 당신과 마찬가지로. 적어도 그렇게 되려고 노력하는 존재죠.

〈인형의 집(Et Dukkehjem)〉은 노르웨이의 극작가 헨리크 입센(Henrik Ibsen, 1828-1906)의 대표작이다. 3막으로 구성된 이 작품은 1879년에 초연되었는데 140년이 지난 지금도 여전히 다양한 형식으로 공연되고 있다.

이 대사 후 노라가 가부장제의 허위와 위선을 거부하고 집을 나가기로 결심하고 마지막 대사 뒤에는 다음과 같은 단 한 줄의 무대 지시가 남는다. '그녀의 뒤로 문이 쾅 닫힌다(The door is slammed shut behind her.)' 이 마지막 장면이 초연 당시에 유럽 사회에 큰 충격을 주었으며 '세계를 울린 문소리(the slam heard round the world)'라고 회자되기도 한다. 대표적인 페미니즘 희곡으로 불리지만 정작 입센은 여성이 아니라 인간의 권리를 말하려는 의도였다고 설명했다. 부당한 사회적 관습에서 벗어나 주체적 자아를 찾는다는 보편적 주제를 다루고 있기도 하다.

피그말리온 조지 버나드 쇼

The great secret, Eliza, is not having bad manners or good manners or any other particular sort of manners, but having the same manner for all human souls: in short, behaving as if you were in Heaven, where there are no third-class carriages, and one soul is as good as another.

일라이자. 가장 중요한 비밀은 좋은 매너를 갖거나 나쁜 매너를 갖거나 어느 특정한 매너를 갖는 게 아니야. 모든 인간의 영혼 앞에서 똑같은 태도를 갖는 거야. 다시 말해서 네가 천국에 있다고 생각하고 3등석 같은 건 없는 곳, 모든 영혼이 서로 다르지 않은 곳에 있는 것처럼 행동하는 거지.

조지 버나드 쇼(George Bernard Shaw, 1856-1950)는 아일랜드 더블린에서 태어나 영국에서 활동한 극작가이자 비평가다. 1925년에 노벨문학상을 수상하고 1938년 영화 〈피그말리온〉 시나리오로 아카데미 각색상을 수상해 노벨상과 오스카상을 모두 받은 유일한 작가가 되었다. 제목 '피그말리온'은 자신이 만든 여인상 '갈라테이아'와 사랑에 빠진 그리스 신화의 조각가 피그말리온에서 차용했다.

런던의 음성학자 헨리 히긴스가 하층민 소녀 일라이자 둘리틀의 발음을 교정한다는 줄거리를 통해 언어, 계급을 풍자한 사회 비판극이다. 오드리 햅번 주연의 〈마이 페어 레이디〉도 이 희곡을 원작으로 하지만 조금 더 로맨틱한 방향으로 바뀌었는데 원작에서 일라이자는 히긴스를 떠나 독립하나, 영화에서는 일라이자가 돌아오며 둘 사이의 관계를 암시하며 끝난다.

발췌된 대사는 5막에서 히긴스가 자신은 공작부인을 꽃 파는 처녀와 똑같이 대했다고 하자 일라이자가 수긍하는 장면에서 나온다.

악마의 제자 조지 버나드 쇼

Come, dear, you're not so wicked as you think. The worst sin towards our fellow creatures is not to hate them, but to be indifferent to them: that's the essence of inhumanity. After all, my dear, if you watch people carefully, you'll be surprised to find how like hate is to love.

여보, 당신은 당신 생각만큼 악의적인 사람이 아니에요. 우리 동료 인간에 대해 할 수 있는 가장 큰 죄는 그들을 싫어하는 게 아니라 그들에게 무관심한 거지. 무관심이 비인간애의 정수에요. 그러니까 당신도 한번 사람들을 찬찬히 살펴 봐요. 미움이 사랑과 얼마나 서로 닮았는지 알면 깜짝 놀랄 걸.

〈악마의 제자(The Devil's Disciple)〉는 멜로드라마적 요소를 지닌 역사극으로, 1897년 런던에서 초연되었다. 상업적으로 큰 성공을 거둔 이 작품은 미국 독립 운동 시대 뉴햄프셔의 신앙심 깊은 공동체에서 반항적인 청년이 목사 대신에 체포되어 위기에 처한다는 이야기로, 악한 것처럼 보였던 사람이 선한 행동을 하고 도덕적인 사람이 위선적인 모습을 보이는 아이러니한 상황을 담고 있다.
이 대목은 2막 중 목사인 앤서니 앤더슨이 다른 사람을 향한 미움을 표현하는 아내에게 하는 말이다. "사랑의 반대는 미움이 아니라 무관심이다."라는 요지의 말은 여러 출처에서 다양한 저자가 남겼지만 했지만 이 조지 버나드 쇼의 대사가 대표적인 예로 언급된다.

이상적인 남편 오스카 와일드 play

Lord Goring	You see, Phipps, fashion is what one wears oneself. What is unfashionable is what other people wear. Just as vulgarity is simply the conduct of other people. And falsehoods the truths of other people.
Phipps	Yes, my lord.
Lord Goring	Other people are quite dreadful. The only possible society is oneself. To love oneself is the beginning of a lifelong romance, Phipps.

고링 경	알겠나 피프스. 패션은 자기가 입는 옷을 말하는 거야. 패셔너블하지 못한 건 다른 사람들이 입는 옷이고, 속된 건 다른 사람의 행동일 뿐이고, 거짓말은 다른 사람들에게 진실이겠지.
피프스	그렇습니다. 나리.
고링 경	타인이란 대체로 끔찍할 뿐이야. 유일하게 내가 받아들이고 싶은 사회는 나 자신이지. 나를 사랑하는 건 앞으로 평생 이어질 로맨스의 시작이야.

오스카 와일드의 〈이상적인 남편(An Ideal Husband)〉은 1895년 런던 헤이마켓극장에서 초연되었다. 정직하고 완벽해 보이는 정치인 칠턴 경이 과거의 비밀 때문에 협박을 당하고 가정과 경력이 위기에 처하지만, 아내의 이해와 친구 고링의 도움으로 위기를 넘기며, 부부는 이상이 아닌 인간적 사랑으로 화해한다는 이야기다.

3막 시작 부분에서 댄디의 선언문 같은 문장이 연이어 나온다. 자기애의 정수를 보여주는 것처럼 보이지만 당시 풍속을 고려한다면 자기애도 새롭게 해석할 수 있다. 당시의 댄디는 빅토리아 시대의 가치관, 즉 가정생활에 대한 헌신과 공적 책임에 반기를 들었고 댄디즘은 이러한 엄숙주의를 버리고 개인의 패션이나 스타일 등을 옹호했다는 면에서 시대 변화의 중요한 상징이기도 하다. '나를 사랑하는 건 평생 이어질 로맨스'라는 문장은 와일드의 가장 대표적인 아포리즘이 되었다.

1999년에 영화화되어 칸 영화제 폐막작으로 상영되었다. 케이트 블란쳇과 줄리안 무어, 루퍼트 애버랫이 주연이었다.

사소한 것들 수전 글래스펠   play

MRS HALE   I tell you, it's queer, Mrs Peters. We live close together and we live far apart. We ll go through the same things—it's all just a different kind of the same thing,

                  If I was you, I wouldn't tell her her fruit was gone. Tell her it ain't. Tell her it's all right. Take this in to prove it to her. she may never know whether it was broke or not.

MRS PETERS   My, it's a good thing the men couldn't hear us. Wouldn't they just laugh! Getting all stirred up over a little thing like a—dead canary. As if that could have anything to do with.

헤일 부인   피터스 부인. 참 이상하죠. 우린 이렇게 가깝게 사는데도 너무 멀리 떨어져 있어요. 우리는 결국 같은 일을 겪고 있어요. 같은데 종류만 다를 뿐이에요.

                내가 당신이라면 여자에게 잼이 다 상했다고 말하지 않겠어요. 안 상했다고 하세요. 괜찮다고 해요. 이걸 가져가 증거로 보여줘요. 아마 깨졌는지 안 깨졌는지도 모를 거예요.

피터스 부인   세상에나. 남자들이 우리말을 들었다면 어땠을까요. 분명 비웃었겠죠. 작은 카나리아 한 마리 때문에 호들갑 떤다고요. 그게 사건하고 무슨 상관이냐고요.

수전 글래스펠(Susan Glaspell, 1876-1948)은 아이오와주 태생의 극작가이자 소설가, 저널리스트였다. 젊은 시절 신문 기자로 활동하며 사회적 사건과 여성 문제에 큰 관심을 가졌다. 단편소설로도 개작된 대표작인 단막희곡 〈사소한 것들〉은 페미니즘 연극사에서 중요한 작품이다. 한 시골의 외딴집에서 남편이 목졸라 살해되고 아내가 용의자가 되어 보안관과 농부가 사건을 조사하는 동안 그들의 아내인 피터슨 부인과 헤일 부인은 부엌을 살펴보며 '사소한 것들' 속에서 단서를 발견한다. 특히 목이 꺾인 카나리아를 보며 아내가 가정 폭력의 희생자였고, 가정 폭력이 살인의 원인이었음을 추리해낸다. 수전 글래스펠은 1900년 부인이 남편을 살해한 실제 사건의 판결이 부인에게 공정하지 못하게 내려졌다고 여겨서 15년 뒤 재구성하였다. 소설 버전은 〈A Jury of Her Peers〉라는 제목으로 우리나라에서는 〈여성배심원단〉으로 번역되어 단편집에 실려있다.

맥베스 셰익스피어　　　　　　　　　　　　　　　　play

Out, out, brief candle!
Life's but a walking shadow, a poor player
That struts and frets his hour upon the stage
And then is heard no more: it is a tale
Told by an idiot, full of sound and fury,
Signifying nothing.

꺼져라, 꺼져. 짧은 촛불아!
인생이란 고작 걸어 다니는 그림자,
자기 차례에 무대 위에 올라와 활개치고 떠들지만
얼마 안가 잊히고 마는 처량한 배우
바보가 지껄이는, 소리와 분노로 가득 차 있지만
결국 아무 의미도 없는 이야기.

윌리엄 셰익스피어(William Shakespeare, 1564-1616)의 〈맥베스(Macbeth)〉 5장 5막에서 가장 유명한 대사다. 아내 레이디 맥베스가 죽고 허무함의 절정에서 인생을 연극에 빗대며 한 말이다. 윌리엄 포크너의 소설 『음향과 분노(Sound and Fury)』('소리와 분노' 혹은 '고함과 분노'로 번역되기도 한다.)의 제목은 이 구절에서 직접 따온 것이다. 로버트 프로스트 시 "Out, Out—"도 이 대사에서 가져온 것이다. '바보들이 하는 이야기(tale told by an idiot)'도 따로 떼어서 자주 패러디된다.

템페스트 셰익스피어

Our revels now are ended. These our actors,
As I foretold you, were all spirits, and
Are melted into air, into thin air:
And, like the baseless fabric of this vision,
The cloud-capp'd towers, the gorgeous palaces,
The solemn temples, the great globe itself,
Yea, all which it inherit, shall dissolve,
And, like this insubstantial pageant faded,
Leave not a rack behind. We are such stuff
As dreams are made on, and our little life
Is rounded with a sleep.

이제 여흥은 끝났어. 우리의 배우들은
자네에게 말했듯이 모두 정령이었고
공기 속으로, 엷은 대기 속으로 사라져 버렸네.
이 환영의 허공에 지은 직물처럼
구름에 싸인 탑도, 화려한 궁전도,
장엄한 신전도, 위대한 지구 자체도,
지상에 사는 모든 것들도 산산이 흩어져,
이 덧없는 연극처럼
자국 하나 남기지 않는 거라네.
우리는 꿈으로 빚어진 존재, 우리의 하찮은 인생은
잠으로 마무리 되지.

셰익스피어의 마지막 작품으로 꼽히는 〈템페스트(The Tempest)〉는 환상적이고 알레고리적인 요소가 짙은 희곡이다. 위의 제4막 1장에서 프로스페로가 말하는 대사로 그는 신들이 등장하는 환영을 불러내어 연극적인 장면을 연출하고 환영이 사라지자 인생의 덧없음을 성찰한다.

영어에서 흔히 쓰이는 'into thin air'라는 표현은 '보이거나 존재하지 않는 상태'를 뜻한다. 논픽션 작가 존 크라카우어의 대표작 『희박한 공기 속으로』라는 책의 제목에서도 이 문구를 차용했는데, 에베레스트 등반 참사를 다루고 있는 이 책의 내용을 고려하면 '희박한 공기(thin air)'란 해발 8,000미터 이상을 가리키는 산악 용어이자, 흔적 없이 사라지는 허무함이라는 뜻도 내포하는 듯하다.

현대어로 변형된 'stuff that dreams are made of'도 대중 문화에서 자주 쓰이는 표현인데 영화 〈몰타의 매〉에서 험브리 보가트의 대사이기도 했으며 칼리 사이먼의 노래 제목이기도 하다.

poem

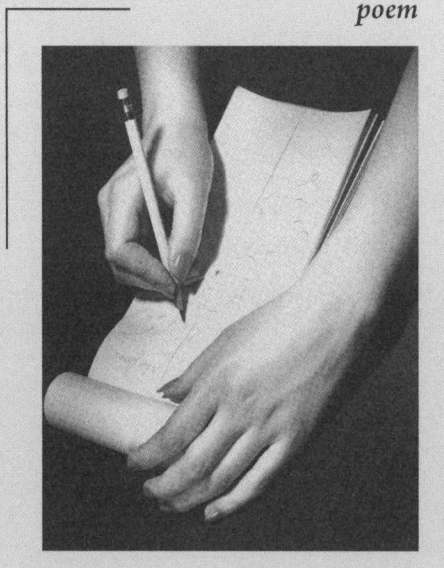

시°

화살과 노래 헨리 워즈워스 롱펠로

poem

I shot an arrow into the air,
It fell to earth, I knew not where;
For, so swiftly it flew, the sight
Could not follow it in its flight.
…

Long, long afterward, in an oak
I found the arrow, still unbroke;
And the song, from beginning to end,
I found again in the heart of a friend.

화살 하나를 공중에 쏘았네
땅에 떨어졌지만, 어디로 갔는지는 몰랐지
너무도 빨리 날아가버려
내 눈이 따라갈 수 없었으니.
…

아주 오랜 세월이 흐른 뒤, 나는 참나무에서
여전히 부러지지 않은 화살을 발견했네.
그리고 나의 노래는, 처음부터 끝까지,
한 친구의 가슴 속에 살아 있었지.

헨리 워즈워스 롱펠로(Henry Wadsworth Longfellow, 1807-1882)는 미국 낭만주의 문학을 대표하는 시인으로 「인생찬가」(1838) 「에반젤린」(1847) 등의 작품이 유명하다. 오늘날에는 지나치게 낭만적이고 감성적이라는 이유로 자주 언급되지는 않지만, 이 시 「화살과 노래(The Arrow and the Song)」(1845) 같은 짧고 상징적인 작품은 꾸준히 사랑받는다. 한국에서는 1953년 피천득의 번역으로 중학교 교과서에 실리며 널리 알려졌다.

그 좋은 밤으로 순순히 들어가지 마세요 딜런 토머스　　poem

Do not go gentle into that good night,
Old age should burn and rave at close of day;
Rage, rage against the dying of the light.

그 좋은 밤으로 순순히 들어가지 마세요,
노년은 날이 저물수록 타오르고 격분해야 합니다.
꺼져가는 빛을 향해 분노하고 분노하세요.

딜런 토머스(Dylan Marlais Thomas, 1914-1953) 영국 웨일즈 출신의 시인으로 20세의 나이에 낸 첫 시집 『18 poem』으로 문단에서 주목을 받았다. 방탕한 생활을 하던 그는 건강이 악화되어 39세에 요절했지만 문학적 유산을 남긴 독창적인 시인으로 평가받는다. 가수 밥 딜런이 예명을 지을 때 영감을 받았다는 이야기가 있지만, 본인은 부인했다. 2014년 영화 〈인터스텔라〉의 등장인물 브렌트 교수가 이 시를 암송하면서 다시 회자되었다. 죽음을 향해 체념하지 말고 마지막까지 저항하며 살아야 한다는 의지를 노래한다.

희망은 날개 달린 것 에밀리 디킨슨

poem

"Hope" is the thing with feathers
That perches in the soul
And sings the tune without the words
And never stops - at all,
…

I've heard it in the chillest land
And on the strangest Sea
Yet – never – in Extremity,
It asked a crumb — of me.

희망은 날개 달린 것
우리 영혼 가운데 앉아
가사 없는 노래를 부르지
결코 그칠 줄도 모르고,

…

가장 추운 땅에서도
가장 낯선 바다에서도 그 노래를 들었네
그러나 가장 절박한 순간조차
그 새는 나에게 빵 부스러기 하나 요구하지 않았지.

에밀리 디킨슨(Emily Dickinson, 1830-1886)은 19세기의 위대한 시인으로 손꼽힌다. 미국 매사추세츠 주 앰허스트에서 태어났고 마운트홀리요크대학에서 1년 동안 신학을 공부하기도 했지만, 독서를 통해 대부분의 문학적 소양을 다졌다. 평생 독신으로 살았으며 외출을 극도로 자제했으나 시누이와는 몇백 편의 편지를 주고받기도 했다. 생전에는 일곱 편의 시만 발표했지만, 사후에는 무려 1,775편의 시가 발표된다. 디킨슨에게 희망이란 크고 화려한 목소리가 아니라 조용히 우리 영혼에 내려앉아 무엇하나 요구하지 않고 끊임없이 노래를 부르는 작은 새 같은 존재였을지 모르겠다.

첫 번째 무화과 에드나 세인트 밀레이

poem

My candle burns at both ends;
It will not last the night;
But ah, my foes, and oh, my friends—
It gives a lovely light!

나의 촛불은 양쪽에서 타오르네
하룻밤도 채 버티지 못하겠지
하지만 아 나의 적들이여, 그리고 나의 친구들이여
이 얼마나 아름다운 불빛이란 말인가!

에드나 세인트 빈센트 밀레이(Edna St. Vincent Millay, 1892-1950)는 미국의 시인이자 극작가다. 메인주의 바닷가 작은 마을에서 출생했으며 바사칼리지를 졸업한 해인 1917년에 첫 번째 시집 『재생 외』를 출간했다. 뉴욕의 그리니치빌리지에 살면서 '낸시 보이드'라는 필명으로 단편소설과 풍자 글을 쓰기도 했다. 1923년에는 시 부문 퓰리처상을 수상했으며 20세기 후반 페미니스트 비평가들에게 주목을 받았다.

이 시는 마치 동시처럼 무화과가 직접 언급되지 않았지만 이 시가 수록된 시집이 『엉겅퀴 속 무화과』로 '첫 번째 무화과'란 '첫 번째 시'라는 뜻이다. 엉겅퀴 속 무화과 비유는 성경 마태복음 7장 16절 '그들의 열매로 그들을 알지니 가시나무에서 포도를, 또는 엉겅퀴에서 무화과를 따겠느냐.'에서 유래한다.

누가 바람을 보았을까? 크리스티나 로제티

poem

Who has seen the wind?
Neither I nor you:
But when the leaves hang trembling,
The wind is passing through.

Who has seen the wind?
Neither you nor I:
But when the trees bow down their heads,
The wind is passing by.

바람을 본 사람 누가 있을까?
나도 너도 보지 못했지
하지만 나뭇잎이 흔들리는 순간
바람이 지나가고 있는 거야

바람을 본 사람 누가 있을까?
너도 나도 보지 못했지
하지만 나뭇가지가 고개를 떨구는 그때
바람이 지나가고 있는 거야

크리스티나 로제티(Christina Rossetti, 1830-1890)는 빅토리아 시대의 대표적인 여성 시인이다. 마찬가지로 시인이자 화가인 단테 가브리엘 로제티의 여동생이기도 하다. 영국 런던에서 태어나 어린 시절부터 뛰어난 재능을 보여 서른한 살 때 첫 시집이자 대표작 『고블린 도깨비 시장』을 출간했다.
이 시는 마치 동시처럼 소박하고 단순하지만 '보이지 않는 존재에 대한 믿음'이라는 종교적 의미도 담고 있다. 영국과 미국의 초등학교 교과서에도 실렸으며 찬송가, 동요, 가곡의 가사로 쓰이기도 했다. 오노 요코는 1970년에 이 시의 일부를 노랫말로 쓴 곡을 발표했다

하늘의 융단 윌리엄 버틀러 예이츠　　　　　　　　　poem

Had I the heavens' embroidered cloths,
Enwrought with golden and silver light,
The blue and the dim and the dark cloths
Of night and light and the half-light,

I would spread the cloths under your feet:
But I, being poor, have only my dreams;
I have spread my dreams under your feet;
Tread softly because you tread on my dreams.

내게 금빛과 은빛으로 수놓은
하늘의 융단이 있다면
밤과 낮과 어스름이 새겨진
푸르고 흐리고 검은 융단이 있다면

그 융단을 발밑에 깔아 드리련만
나는 가난하여 가진 것이 꿈뿐이라
내 꿈을 그대 발밑에 깔았으니
그대가 밟는 건 나의 꿈이니 사뿐히 밟으시길

윌리엄 버틀러 예이츠(William Butler Yeats, 1865-1939)는 아일랜드의 극작가이자 시인이다. 1923년에 아일랜드 작가 최초로 노벨문학상을 받았다. 융단을 발밑에 깔아준다는 이미지에서 김소월 시인의 「진달래꽃」이 연상되는데, 실제로 스승인 김억 시인의 번역 시집에 이 시가 수록되어 있다. 'cloths'는 '천' '옷감' '융단' '자락' 등으로 다양하게 번역된다. 책과 서점이 소재가 되는 1987년 영화 〈84번가의 연인〉에서 앤서니 홉킨스가 연기한 주인공 프랭크 도웰이 이 시를 읽는 장면이 나온다.

아이들의 울음 소리 엘리자베스 배럿 브라우닝   *poem*

Do ye hear the children weeping, O my brothers,
Ere the sorrow comes with years?
They are leaning their young heads against their mothers,
And that cannot stop their tears.
The young lambs are bleating in the meadows;
The young birds are chirping in the nest;
The young fawns are playing with the shadows;
The young flowers are blowing toward the west—
But the young, young children, O my brothers,
They are weeping bitterly!
They are weeping in the playtime of the others,
In the country of the free.

아이들의 울음소리가 들리나요 오 나의 형제들이여,
슬픔이 세월과 함께 찾아오기 전부터?
그들은 어린 머리를 어머니 가슴에 기대지만,
그럼에도 눈물을 멈출 수 없어요
어린 새끼 양들은 초원에서 울음소리 내고,
어린 새들은 둥지 속에서 지저귀며
어린 사슴들은 그림자와 함께 뛰놀고
어린 꽃들은 서쪽을 향해 피어나는데
그러나 어리디 어린 아이들은, 오 형제들이여,
그들은 마음 아프게 울고 있습니다!
다른 이들이 노는 시간에 울고 있어요
자유의 나라인 이 곳에서.

빅토리아시대의 영국 시인 엘리자베스 배럿 브라우닝(Elizabeth Barrett Browning, 1806-1861)은 남편 로버트 브라우닝과의 극적인 사랑으로 유명하다. 그래서 주로 소개되는 것도 사랑시인데, 특히 "당신이 나를 사랑해야 한다면 사랑만을 위해 사랑해달라(If Thou Must Love Me Except for love's sake only)"란 구절은 여전히 사랑시의 원전처럼 여겨지고 있다.

그러나 로버트를 만나기 전에 이미 시인으로 이름을 떨쳤던 그는 사회참여시를 쓰기도 했다. 1843년에 발표된 이 시는 산업혁명 시기의 아동 노동 착취를 고발하며 큰 반향을 일으켰고 시가 출간된 다음 해에는 아동 노동 관련 청문회가 열리기도 했다.

좁은 길 앤 브론테

poem

Believe not those who say
The upward path is smooth,
Lest thou shouldst stumble in the way,
And faint before the truth.
...
On all her breezes borne
Earth yields no scents like those;
But he that dares not grasp the thorn
Should never crave the rose.

오르막길이 순탄하다고
말하는 이들을 믿지 마세요.
그러다 길에서 휘청거리고
진리에 닿기 전에 쓰러질 수도 있어요.
...
세상의 모든 바람이 실어 나르지만
그 향기와 같은 것은 어디에도 없어요.
가시를 움켜쥘 용기 없는 이라면
장미를 갈망할 자격도 없지요.

브론테 자매 중 막내인 앤 브론테(Anne Brontë, 1820-1849)의 시 「좁은 길(Narrow Way)」(1848)의 1연과 마지막 연이다. 앤은 언니들에 비해 상대적으로 주목 받지 못했지만 최근 재평가가 이루어지고 있는 시인이다. 그의 소설 『아그네스 그레이』(1846)가 다시 읽히고 있으며 『와일드펠 저택의 여인』(1848) 역시 국내 최초로 번역 출간되기도 했다.
이 시는 기독교적 색채가 짙고 영광은 고난을 통해 온다는 다소 흔한 주제를 담고 있지만 서정적인 언어로 구성되어 있고 마지막에 장미를 언급하는 대목은 지금까지도 꾸준히 사랑을 받고 있다.

자기연민 데이비드 허버트 로렌스

I never saw a wild thing
sorry for itself.
A small bird will drop frozen dead from a bough
without ever having felt sorry for itself.

야생 동물이 스스로를 측은해하는 것을
나는 한 번도 보지 못했네.
나뭇가지 위의 작은 새는 꽁꽁 언 채로 떨어져도
자신을 불쌍히 여기지 않으니.

데이비드 허버트 로렌스(David Herbert Lawrence, 1885-1930)는 『아들과 연인』, 『채털리 부인의 사랑』으로 유명한 소설가지만 800편이 넘는 시를 쓴 시인이기도 했다. 1920년대에 이탈리아, 멕시코 여행을 하면서 쓴 『새와 짐승과 꽃』이라는 시집에 실려 있는 이 시 「자기연민(Self Pity)」은 자연과 동물을 소재로 삼아 생명의 에너지와 단순함을 노래했다.

이 시는 1997년 리들리 스콧 감독의 영화 〈지. 아이. 제인〉에서 인상적으로 등장한다. 미 해군 정보장교 조던 오닐(데미 무어)은 정치적 압박으로 여성 최초로 네이비 실 훈련 과정에 지원하고, 가혹한 교관(비고 모텐슨)이 혹독한 훈련을 시키면서 이 시를 읽어준다. 마지막에 모든 도전을 거치고 능력을 입증한 오닐에게 교관이 이 시가 실린 책을 선물한다.

나의 노래 월트 휘트먼   *poem*

I celebrate myself, and sing myself,
And what I assume you shall assume,
For every atom belonging to me as good belongs to you.

I loafe and invite my soul,
I lean and loafe at my ease observing a spear of summer grass.

나는 나를 찬미하며, 나 자신을 노래하리
내가 받아들이는 것은 너 또한 받아들이리
내게 속한 모든 원자는 너를 이루기도 하니.

나는 한가로이 내 영혼을 불러들인다,
편안히 기대어 한가롭게 여름 잔디의 뾰족한 잎을 가만히 바라본다.

월트 휘트먼(Walt Whitman, 1819-1892)은 미국의 국민 시인으로 여겨진다. 대표작 〈나의 노래(Song of Myself)〉 첫 번째 시 중 3연이다. 1855년 시집 『풀잎(Leaves of Grass)』의 초판을 자비로 출판하여 평생을 확장하고 보완했고 현재는 52편으로 구성되었다. 이 시들을 기반으로 운율과 각운에 매이지 않는 자유시의 세계를 열기도 했다.

휘트먼의 시 중에 한국에서 가장 잘 알려진 작품은 영화 〈죽은 시인의 사회〉에서 키팅 선생님에게 바치는 시 〈캡틴 오 마이 캡틴〉으로 에이브러햄 링컨 대통령의 암살 이후 쓴 추모시다. 또한 영화 〈페임〉의 OST 수록곡의 제목이기도 한 "I sing the body electric."는 당시에 드물게 몸의 에너지를 찬양한 시로 이후 대중문화나 시각 예술 분야에서 자주 볼 수 있는 문구가 되었다.

내가 스물하고 하나였을 때 A. E. 하우스먼

poem

When I was one-and-twenty
I heard him say again,
"The heart out of the bosom
Was never given in vain;
'Tis paid with sighs a plenty
And sold for endless rue."
And I am two-and-twenty,
And oh, 'tis true, 'tis true.

내가 스물하고 하나였을 때
그 현자는 다시 말했지
"가슴에서 꺼낸 심장은
헛되이 주어진 적이 없으니
그 대가는 한숨으로 치러지고,
끝없는 회한으로 남으리."
이제 내 나이 스물하고 두 살,
아, 그 말이 옳구나, 옳았구나.

A. E. 하우스먼(Alfred Edward Housman, 1859-1936)은 영국의 서정 시인이자 고전학자다. 특허청에서 일하며 영국박물관에 틈틈이 방문하면서 라틴어 고전들을 독학했고, 이후 케임브리지대학에서 라틴 문학을 가르쳤다. 대표 시집 『슈롭셔의 젊은이』(1896)에 실린 간결하고 소박한 시가 사랑 받았다. 특히 1차 세계대전 당시 전쟁터로 나간 수많은 젊은이가 그의 시를 암송하거나 가슴에 품고 다녀 '청춘과 죽음의 시인'이라 불리기도 했다. 발췌한 부분은 전체 시에서 2연에 해당한다.

부드러운 비가 내릴 것이다 사라 티즈데일

poem

Not one would mind, neither bird nor tree,
If mankind perished utterly;
And Spring herself, when she woke at dawn,
Would scarcely know that we were gone.

어느 누구도 상관 하지 않으리. 새도 나무도
인류가 흔적도 없이 사라진다 한 들
봄조차도 새벽에 깨어났을 때
우리가 사라진 것을 알아채지 못하리.

사라 티즈데일(Sara Trevor Teasdale, 1884-1933) 미국의 서정 시인으로 개인의 경험을 투명하고 단정하게 노래한 시로 1918년에 퓰리처상을 받았다. 사랑하는 사람과 헤어진 후 안정을 위해 결혼했으나 결국 이혼했고, 우울증과 건강 악화로 자살로 생을 마감했다.

전체 시 중에서 3연을 발췌한 이 시는 1차 세계 대전의 참상을 목격한 후에 쓴 시로 인간의 전쟁과 파괴 속에서도 자연은 무심하게 제 갈 길을 간다는 메시지를 담고 있다. 『화씨 451』로 유명한 소설가 레이 브래드버리는 1950년 이 시와 동일한 제목의 단편 소설을 썼는데, 핵폭발로 주민 전체가 죽고 자동화된 집만 작동한다는 이야기다. 소설에 이 시 전문이 실리기도 했다.

10년 에이미 로웰

poem

When you came, you were like red wine and honey,
And the taste of you burnt my mouth with its sweetness.
Now you are like morning bread,
smooth and pleasant.
I hardly taste you at all for I know your savour,
But I am completely nourished.

네가 처음 왔을 때, 너는 마치 레드 와인과 꿀 같아서
나의 입안이 너의 달콤함으로 타는 것 같았어.
지금의 당신은 마치 아침의 빵 같아서
부드럽고 향긋해.
당신을 더 맛보지 않아도 돼, 이미 맛을 알고 있으니
하지만 난 영양이 충분히 채워져 있는걸.

미국의 시인 에이미 로웰(Amy Lowell, 1874-1925)은 매사추세츠주 명문가에서 태어났다. 집안의 반대로 대학에는 다니지 못했으나 다양한 분야에 열정을 쏟았고 28세에 첫 시를 발표했다. 배우인 아다 드와이어 러셀과 동성 연인 관계였다. 둘이 같이 영국에 여행 갔다가 에즈라 파운드를 만나 당시 최신 문예 사조인 이미지즘(Imagism)을 받아들였고 미국 근대시의 자유시 전통을 확립하는데 기여했다. 시에서도 생활에서도 관습적 여성상에 도전했으며, 관능적이고 솔직한 어조로 사랑과 성적 욕망을 묘사하였다. 51세에 사망했고 이듬해에 퓰리처상을 받았다.

speech

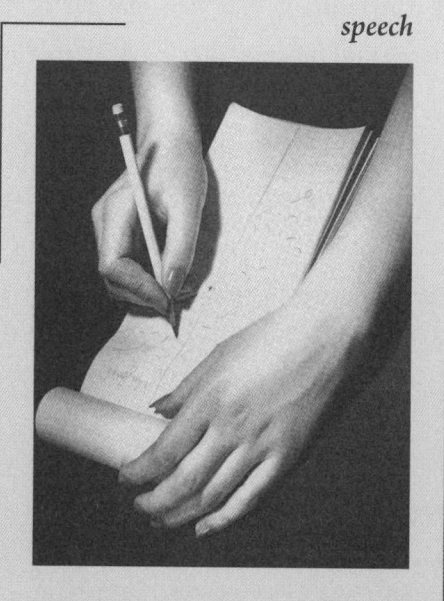

연설

노벨문학상 수상 연설 셀마 라게를뢰프

speech

And I am in debt not only to people; there is the whole of nature as well. The animals that walk the earth, the birds in the skies, the trees and flowers, they have all told me some of their secrets.
I am also heavily in debt to those who have formed and moulded our language into the good instrument that it is, and taught me to use it. And, then, am I not in debt to those who have written in prose and in verse before my time, who have turned writing into art, the torchbearers, the pathfinders?

나는 사람에게만 빚을 진 건 아닙니다. 자연에게도 빚을 졌어요. 지상을 걸어다니는 동물, 하늘을 날아다니는 새들, 나무와 꽃들이 그들만의 비밀을 속삭여주었습니다.
또한 우리의 언어를 형성하고 훌륭한 악기로 주조한 이들, 나에게 그 악기를 어떻게 사용하는지 가르쳐준 분들에게도 큰 빚을 지고 있습니다. 이전에 아름다운 시와 산문을 쓴 사람들, 글쓰기를 하나의 예술로, 인생의 횃불이자 길잡이로 바꾸어준 사람들에게 제가 빚을 지고 있지 않다고 말할 수 있을까요?

셀마 라게를뢰프(Selma Lagerlof, 1858-1940)는 스웨덴 소설가이자 아동문학가로 1909년 여성 최초로 노벨문학상을 수상한 인물이다. 『예루살렘』 등의 소설을 썼고, 스웨덴 전국 교사 협회에서 의뢰를 받아 집필한 『닐스의 이상한 모험』은 전 세계인에게 사랑을 받는 베스트셀러가 됐다. 노벨문학상 수상 연설문은 돌아가신 아버지와 대화를 나누는 형식으로 이루어져 있는데, 먼저 라겔뢰프는 "아버지, 제가 큰 빚을 졌답니다. 갚을 수 있을까요?"라고 묻는다. 그리고 북유럽의 신화를 들려준 할머니, 떠돌이들의 노래 가락, 문학의 선조들, 독자, 자연 모두에게 갚을 수 없는 빚을 지고 있다며 겸손한 태도로 고백한 뒤 수상에 대한 무한한 기쁨을 표현하며 마무리한다.

1939년 은퇴 연설 루 게릭　　　speech

Fans, for the past two weeks you have been reading about a bad break. Yet today I consider myself the luckiest man on the face of the Earth.
I have been in ballparks for seventeen years and have never received anything but kindness and encouragement from you fans.
Look at these grand men. Which of you wouldn't consider it the highlight of his career just to associate with them for even one day?
Sure, I'm lucky. So I close in saying that I might have had a tough break – but I have an awful lot to live for.

팬 여러분, 지난 2주 동안 저에 관한 안타까운 소식을 들으셨을 것입니다. 그러나 지금 이 순간, 저는 세상에서 가장 운이 좋은 사람이라고 생각합니다.
무려 17년 동안 이 야구장에서 팬 여러분에게 넘치는 친절과 격려를 받지 않았습니까.
이 훌륭한 사람들을 보십시오. 단 하루라도 이 사람들과 함께 했다는 것이 야구선수에게 가장 큰 영광이 아니고 무엇일까요?
맞습니다. 저는 운이 좋은 사람입니다. 비록 지금은 인생의 큰 고비를 겪고 있지만 저에겐 살아야 할 이유가 충분합니다.

전설적인 야구선수 루 게릭(Lou Gehrig, 1903-1941)은 뉴욕 양키스 내야수였다. 보스턴에서 이적한 베이브 루스와 함께 일명 '살인 타선'을 이루었고, 14년 동안 2,130 경기 연속 출장 기록을 세우기도 했다. 그러나 이후에 루게릭병이라 불리게 될, 근위축성 측색 경화증(ALS)이라는 퇴행성 신경 질환을 진단받은 후 2년 만에 사망했다. 1939년 7월 4일, 양키스타디움에서 공식적으로 은퇴를 선언하며 했던 이 연설은 죽음을 앞두고도 자기 연민 없이 인간의 존엄과 품격을 보여준 명연설로 회자된다. 각종 드라마나 코미디 프로그램에서 "오늘 나 자신을 세상에서 제일 운 좋은 사람으로 생각합니다." 라는 문장이 나온다면 이 연설의 패러디라고 볼 수 있다. 2021년부터 MLB 사무국이 6월 2일을 루게릭의 날로 지정했다.

서인도제도 노예 해방 연설 프레더릭 더글러스　speech

If there is no struggle there is no progress.
Those who profess to favor freedom and yet deprecate agitation are men who want crops without plowing up the ground; they want rain without thunder and lightning.
They want the ocean without the awful roar of its many waters.
The struggle may be a moral one, or it may be a physical one, or it may be both. But it must be a struggle. Power concedes nothing without a demand. It never did and it never will.

투쟁이 없으면 진보도 없습니다.
자유를 원한다고 말하면서도 소요와 소란을 꺼리는 자들은 땅을 갈지 않고도 곡식을 거두려는 사람들이며, 천둥과 번개 없이 비만 내리길 바라고, 포효하는 파도 없이 바다만 가지려는 자들입니다.
투쟁은 도덕적일 수도 있고, 물리적일 수도 있으며, 둘 다일 수도 있습니다. 그러나 반드시 투쟁해야 합니다. 절실하게 요구하지 않으면 권력은 양보하지 않습니다. 지금까지 그랬던 적이 없었고, 앞으로도 그럴 일은 없을 것입니다.

프레더릭 더글러스(Frederick Douglass, 1818-1895) 미국의 노예폐지론자로 역사상 가장 영향력 있는 강연가였다. 1818년 메릴랜드주에서 누구인지 모르는 백인 아버지와 흑인 어머니 사이에서 노예로 태어났다. 20세에 가짜 신분증으로 기차를 타고 탈출해 사회 활동을 하다 노예 신분이 들통날까 봐 유럽으로 피신하고, 소유주에게 돈을 지불한 뒤에야 공식적으로 자유인이 되어 미국으로 돌아온다. 노예제 폐지만큼이나 여성 인권 운동에 관심이 있어 1848년 뉴욕주 세네카 폴즈 컨벤션에 참여한 유일한 아프리카계 미국인이기도 했다.

위의 문장은 1857년 3월 뉴욕주 카난다이구아에서 열린 서인도제도 노예 해방(영국령에서 해방) 23주년 기념 연설의 일부로 "투쟁이 없으면 진보도 없다."라는 문장은 이후 노동·환경 운동 등에서 반복 인용되고 있으며, 인권 투쟁의 명언으로 자리잡았다.

인권 선언문 엘리너 루즈벨트　　speech

Where, after all, do universal human rights begin?
In small places, close to home—so close and so small that they cannot be seen on any maps of the world. Yet they are the world of the individual person; the neighborhood he lives in; the school or college he attends; the factory, farm, or office where he works.
Such are the places where every man, woman, and child seeks equal justice, equal opportunity, equal dignity without discrimination.

결국 인권은 어디에서 시작됩니까?
우리 집 가까이에 있는 작은 장소에서부터, 너무 가깝고 너무 작아서 어떤 세계 지도에도 나오지 않는 장소에서 시작합니다. 그러나 그 장소가 한 개인에게는 세계입니다. 자신이 사는 동네, 다니는 학교나 대학교, 일하는 공장, 농장, 사무실이 그들의 세계입니다. 바로 이런 장소에서 남녀노소가 차별 받지 않고 공평한 정의, 공평한 기회, 동일한 존엄을 찾아야 합니다.

엘리너 루스벨트(Eleanor Roosevelt, 1884-1962) 미국의 32대 대통령 프랭클린 D. 루스벨트의 부인이자 26대 대통령 시어도어 루스벨트의 조카딸이다. 장애가 있는 남편을 도와 많은 활동을 했는데, 1946년에는 국제연합 인권위원회의 의장으로서 세계인권선언에 중요한 역할을 했다. 이 연설은 1958년 3월 27일, 유엔 세계인권선언 10주년 기념 연설의 일부다. "당신의 동의 없이는 아무도 당신이 열등감을 느끼게 할 수는 없다.(No one can make you feel inferior without your consent.)" "행복은 목표가 아니라 잘 사는 삶의 부산물(by product)이다." 등 여러 명언도 남겼다. 많은 여성 정치인들이 존경을 표하는 인물로, 2022년 쇼타임에서 방영한 〈퍼스트 레이디〉에서 질리언 앤더슨이 연기했다.

시민권에 대하여 시어도어 루즈벨트 speech

It is not the critic who counts;
not the man who points out how the strong man stumbles,
or where the doer of deeds could have done them better.
The credit belongs to the man who is actually in the arena,
whose face is marred by dust and sweat and blood;
who strives valiantly; who errs, who comes short again and again,
because there is no effort without error and shortcoming;
but who does actually strive to do the deeds;

중요한 사람은 비평가가 아니다.
강해야 하는 사람이 비틀거렸다고 지적하거나,
이왕 하려면 더 잘했어야 했다고 사람이 아니다.
진정한 영예는 실제로 경기장의 투사에게 가야 한다.
먼지와 땀과 피로 얼룩진 얼굴을 한 사람.
꿋꿋하게 버티는 사람과 실수하는 사람, 부족하지만 또 한 번 해보는 사람.
실수와 단점 없는 노력은 있을 수 없다는 걸 아는 사람.
실제로 행동하려 애쓰는 사람.

미국의 26대 대통령 시어도어 루스벨트(Theodore Roosevelt, 1858-1919)는 미국 최초의 노벨평화상 수상자다. '테디(Teddy)'라는 애칭으로도 자주 불린다. 1910년 4월 23일에 파리 소르본대학에서 한 강연 '시민권에 대하여(Citizenship in a Republic)'의 일부로 정치와 비즈니스, 스포츠 그리고 자기계발 분야에서 도전 정신과 실천의 중요성을 상징하는 인용구로 자주 사용된다.

대통령 취임 연설 프랭클린 D. 루즈벨트　　　speech

This is preeminently the time to speak the truth, the whole truth, frankly and boldly. Nor need we shrink from honestly facing conditions in our country today. This great Nation will endure as it has endured, will revive and will prosper. So, first of all, let me assert my firm belief that the only thing we have to fear is fear itself—nameless, unreasoning, unjustified terror which paralyzes needed efforts to convert retreat into advance.

지금은 진실을, 온전한 진실을, 담대하고 솔직하게 말해야 할 때입니다. 우리는 오늘날 우리나라의 상황을 정직하게 직시하지 않아야 할 이유는 없습니다. 이 위대한 국가는 과거 그랬듯이 앞으로도 견뎌낼 것이며, 다시 일어나 번영할 것입니다. 그러므로 무엇보다 먼저, 내가 굳게 믿는 바를 선언합니다. 우리가 두려워해야 할 유일한 것은 두려움 그 자체입니다. 두려움이란 이름 없는, 이성 없는, 정당화될 수 없는 공포로, 후퇴를 전진으로 바꾸기 위해 필요한 노력을 마비시킬 뿐입니다.

미국의 32대 대통령 프랭클린 델러노 루스벨트(Franklin D. Roosevelt, 1882-1945)는 미국 역사상 유일한 4선 대통령이다. 'FDR'로 불리기도 한다. 경제공황과 2차 세계대전을 극복해 미국을 현재의 초강대국으로 격상시킨 인물로 평가 받는다. 1932년 허버트 후버를 상대로 한 대통령 선거 중 연설에서 루스벨트는 유머를 가미한 쾌활하고 낙관적인 어조를 유지했으나 그의 첫 취임 연설은 이례적으로 엄숙했는데, 대공황이 절정기에 이르고 있었기 때문이었다.

두려워해야 할 것은 두려움 그 자체라는 이 유명한 문장은 〈더 심슨〉에서 "우리가 유일하게 두려워해야 할 것은…맥주가 바닥나는 것이다."로 패러디됐다. 티셔츠 등 다양한 제품으로 제작되기도 했다.

투표하는 것이 범죄입니까? 수전 B. 앤서니

speech

It was we, the people; not we, the white male citizens; nor yet we, the male citizens; but we, the whole people, who formed this Union. And we formed it, not to give the blessings of liberty, but to secure them; not to the half of ourselves and the half of our posterity, but to the whole people — women as well as men. And it is a downright mockery to talk to women of their enjoyment of the blessings of liberty while they are denied the use of the only means of securing them — the ballot.

이 연방을 세운 것은 우리 국민입니다. 백인 남성 시민들도 아니고, 남성 시민들도 아닙니다. 전체 국민입니다. 또한 우리는 자유라는 축복을 부여하기 위해서만이 아니라 보장하기 위해서 이 연방을 세웠습니다. 그 자유는 우리의 절반, 우리 후손의 절반에게만이 아니라, 모든 사람, 즉 남성뿐 아니라 여성에게도 돌아가야 합니다. 그런데 여성이 자유의 축복을 누리고 있다고 말은 하면서 그 자유의 유일한 보장 수단은 빼앗고 있다면 철저한 기만이 아닙니까. 투표권 말입니다.

수전 B. 앤서니(1820~1906)는 미국의 여성 참정권, 노예제도 폐지 운동가다. 이 글은 1873년에 한 연설 〈미국 시민이 투표한 것이 불법입니까?(Is It a Crime for a U.S. Citizen to Vote?)〉의 일부다. 수전 B. 앤서니는 불법 투표 혐의로 기소된 뒤 100달러의 벌금이 부과되었으나 거부하고 재판을 받았고 수정 헌법 제15조를 근거로 여성 참정권을 주장했으며 이후 이 연설문을 여러 차례 낭독했다.

'ballot'이란 투표 또는 투표용지를 뜻한다. 그리스의 아테네에서는 재판을 벌여 유죄와 무죄를 가릴 때 배심원들이 흰 공(찬성)과 검은 공(반대)을 투표함에 넣었는데, 이때의 공이 ballotta인데서 유래한 단어다. 영어 번역에서 가장 고민되는 과정 중에 하나가 어순 배치다. 위의 문장에서 투표권이라는 목적어를 동사 앞에다 두어 '보장 수단인 투표권을 빼앗고'라고 부연하면 극적 효과가 떨어진다. 그래서 일부터 뒤로 보내기 위해 문장을 끊었다. "~말이다"가 들어가는 것이 썩 마음에 들지는 않지만 이렇게 번역해야 할 때가 있다.

자아의 고독 엘리자베스 캐디 스탠턴   speech

The strongest reason for giving woman all the opportunities for higher education, for the full development of her faculties, her forces of mind and body; for giving her the most enlarged freedom of thought and action; a complete emancipation from all forms of bondage, of custom, dependence, superstition; from all the crippling influences of fear—is the solitude and personal responsibility of her own individual life.

모든 여성에게 고등 교육의 기회를 주어야 할 가장 큰 이유, 여성에게 자신의 역량과 정신적 힘과 신체적 힘을 충분히 발휘할 기회를 주고 생각과 행동의 자유를 최대한 보장해주어야 할 이유는 이것입니다. 모든 형태의 굴레, 즉 관습, 의존, 미신에서의 완전히 해방되고, 두려움이 가져오는 답답한 속박으로부터 자유로워져서 여성이 자신의 고독을 지키고 자기 삶을 온전히 책임질 수 있어야 하기 때문입니다.

엘리자베스 캐디 스탠턴(Elizabeth Cady Stanton, 1815-1902)은 미국의 참정권 운동가로, 앞서 언급된 수전 B. 앤서니와 함께 미국 여성 참정권 운동을 이끌었다. 〈자아의 고독(On Solitude of Self)〉은 1892년 1월 18일, 미국 하원 사법위원회 앞에서 낭독한 연설이다. 성별을 초월하여 모든 인간에게 존엄성과 자율성을 보장해야 개별적으로도 행복하고 사회에도 기여할 수 있다고 주장하고 있는데, 인간이란 근본적으로 고독한 존재이기 때문이다. 단순히 투표권과 실질적인 법안만 강조한 것이 아니라 인간의 자기 결정권의 중요성을 실존적이고 철학적으로 논했다는 면에서 미국 페미니즘 역사에서도 특별한 위치를 갖고 있는 명연설문이다.

나는 여자가 아닙니까 소저너 트루스   *speech*

As for intellect, all I can say is, if woman have a pint and man a quart—why can't she have her little pint full? You need not be afraid to give us our rights for fear we will take too much—for we won't take more than our pint'll hold.
The poor men seem to be all in confusion, and dont know what to do. Why children, if you have woman's rights, give it to her and you will feel better. You will have your own rights, and they wont be so much trouble.

지적인 능력에 관해서라면, 내가 하고 싶은 말은요. 여자가 1파인트 잔을 가지고 있고, 남자가 쿼트(2파인트)를 갖고 있는데, 왜 여자가 자기 작은 잔을 가득 채우지 못합니까? 우리가 너무 많이 가져갈까 두려워 우리에게 권리를 주는 걸 두려워하지 마십시오. 우리 잔에 담길 만큼만 가져갑니다.
불쌍한 남자들은 혼란에 빠져서 무엇을 해야 할지 모르는 상황인 것 같습니다. 아이같은 이들이여. 여자들의 권리를 갖고 있다면 여자들에게 주세요. 그래야 기분이 더 낫지 않겠습니까. 당신들 권리는 그대로 당신 것이니 큰 문제가 일어나진 않을 것입니다.

소저너 트루스(Sojourner Truth, 1797-1883) 흑인 여성 해방 운동가이자 페미니스트로 1851년 오하이오주 애크런에서의 여성권리대회에서 발표한 연설 〈나는 여자가 아닙니까(Ain't I a Woman?)〉는 미국 역사상 가장 유명한 여성 인권 연설이다. 하지만 이 연설은 두 가지 버전의 기록이 있는데 하나는 연설 한 달 후에 《안티 슬레이버리 버글》이라는 신문에 트루스의 친구이기도 했던 목사 마리우스 로빈슨이 게재한 것이다. 그러나 1863년 참정권 운동가인 프랜시스 다나 게이지가 《뉴욕 인디펜던트》에 또 다른 버전을 실었는데 그 버전이 현대에는 더 유명하다. "나는 여자가 아닙니까"라는 문장이 후렴처럼 반복적으로 들어가고 흑인의 구어가 강조되었으며, 시적이고 극적인 표현이 추가되었다. 따라서 한 달 후에 실린 글이 원래 소저너 트루스의 말에 더 가깝다고 여겨지지만 후자의 드라마틱한 버전이 대중에게 미친 영향력도 있었다고 평가된다. 이 글은 첫 번째 버전이다.

노벨문학상 수상 연설 윌리엄 포크너

speech

I believe that man will not merely endure. he will prevail. He is immortal, not because he alone among creatures has an inexhaustible voice, but because he has a soul, a spirit capable of compassion and sacrifice and endurance. The poet's, the writer's, duty is to write about these things. It is his privilege to help man endure by lifting his heart, by reminding him of the courage and honor and hope and pride and compassion and pity and sacrifice which have been the glory of his past.

인간이 그저 견디지 않습니다. 승리합니다. 인간이 불멸의 존재가 될 수 있는 이유는 인간에게만 지치지 않는 목소리가 있어서가 아니라 영혼이 있기 때문에, 연민과 희생과 인내를 할 수 있는 정신이 있기 때문입니다. 시인과 작가의 임무는 이런 것들에 대해 쓰는 것이죠. 작가에게도 특권이 있으니 바로 사람들을 돕는 것입니다. 사람들의 가슴을 울리고, 그에게 용기와 명예와 희망과 자부심과 인정과 연민과 희생이 있다는 것을, 그것들이 과거의 그를 가장 빛나게 한 덕목임을 기억하게 하는 것입니다.

윌리엄 포크너(William Faulkner, 1897-1962)는 『음향과 분노』를 쓴 지 20년 후인 1949년에 노벨문학상을 받았고, 1950년 12월 10일에 스웨덴 스톡홀름 시청 강당에서 수상 연설을 했다. 가장 아름답고 감동적인 노벨문학상 연설 중 하나로 꼽히고 있는데 당시의 시대적 배경을 이해하면 더욱 도움이 된다. 1945년 히로시마와 나가사키 이후 전 세계가 핵전쟁의 공포에 시달렸고, 그와중에 1951년엔 소련이 핵실험에 성공하기도 했다. 당시 작가들이 냉전 속에서 불안과 공포를 반영한 작품을 쓸 때 작가란 사랑, 연민, 용서, 인내에 대해 쓰는 사람이라고 말하며 문학의 사명과 가능성을 선포한 연설이기 때문에 더욱 큰 의미를 지니고 있다. 참고로 역대 노벨상 수상 작가의 연설 전문은 노벨 홈페이지에 게시되어 있으며 동영상도 찾아볼 수 있다.

젊은이들에게 보내는 충고 마크 트웨인

Always obey your parents. When they are present. This is the best policy in the long run. Because if you don't, they will make you. Most parents think they know better than you do, and you can generally make more by humoring that superstition than you can by acting on your own better judgment.

항상 부모님의 말씀에 순종하십시오. 부모님이 옆에 계실 때는요. 장기적으로 보면 그게 가장 현명한 방법입니다. 안 그런다고 해도 부모님이 그렇게 만들 겁니다. 대부분의 부모는 본인들이 더 잘 안다고 생각하는데, 여러분이 일단 그 미신을 만족시켜줘야 대체로 더 이득입니다. 그런 다음 여러분의 더 나은 판단에 따라 행동하면 됩니다.

마크 트웨인이 1882년 4월 15일 보스턴의 여성 사교 모임인 '토요모닝클럽'에서 한 〈젊은이들에게 보내는 충고(Advice to Youth)〉라는 연설의 한 대목이다. 언급된 내용 이외에는 일찍 일어나려면 종달새 친구를 훈련시켜라, 거짓말을 하려면 예술적으로 해야지 그렇지 못하면 들통난다 등으로 이어지는데 모두 유머와 풍자와 반전의 묘미가 있다. 마크 트웨인은 당대 가장 유명한 대중연설가였다. 공휴일과 기념일에 그리고 자선 단체에서도 많은 연설을 했는데, 오늘날의 스탠드업 코미디의 원조라고도 할 수 있을 것이다.

파이니스트아워 연설 윈스턴 처칠   speech

If we can stand up to him, all Europe may be free and the life of the world may move forward into broad, sunlit uplands.

But if we fail, then the whole world, including the United States, including all that we have known and cared for, will sink into the abyss of a new Dark Age made more sinister, and perhaps more protracted, by the lights of perverted science.

Let us therefore brace ourselves to our duties, and so bear ourselves that, if the British Empire and its Commonwealth last for a thousand years, men will still say, "This was their finest hour."

우리가 그(히틀러)에게 맞서 싸운다면 유럽 전체가 자유를 되찾고 인류의 삶은 햇빛 가득한 광활한 고지대로 나아갈 수 있을 것입니다.

그러나 우리가 무너진다면, 미국을 포함해 우리가 알았고 소중히 여겨온 모든 것이 새로운 암흑기로 빠지고 말 것입니다. 왜곡된 과학으로 인해 이 시기는 더욱 악독하고 길게 이어질 수도 있습니다.

그러므로 우리는 각자의 의무를 다하고 다시금 각오를 다집시다. 영국 제국과 연방이 앞으로 천 년동안 더 지속된다면 후손들이 지금 이 때를 이렇게 말하게 될 것입니다. "그때가 그들의 가장 빛나는 시간이었다."

윈스턴 처칠(Winston Churchill, 1874-1965)의 위대한 명연설 중 하나로 1940년 6월 18일, 프랑스가 나치에 무릎을 꿇기 직전 영국이 홀로 히틀러에 맞서야 하는 상황에서 국민을 고무한 연설이다. 가장 영광스러운 순간, 최고의 시간을 뜻하는 'finest hour'라는 표현은 책, 음악, 영화의 제목으로 끊임없이 인용되었다. 여러 가수가 자신의 컴필레이션 음반을 'greatest hit'나 'best of' 대신 'OOO의 finest hour'라는 제목으로 발매하기도 했다.

1952년 미국 해안경비대의 구조 작전을 다룬 재난 영화 영화 〈파이니스트 아워(The Finest Hours)〉(2016)는 윈스턴 처칠과는 상관이 없지만 영웅적 순간을 상징하기 위해 가져온 것이다.

words of artists

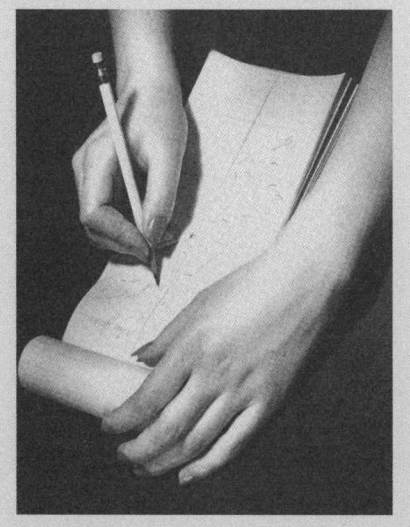

예술가들의 말 °

조르주 상드

One is happy as a result of one's own efforts, once one knows the necessary ingredients of happiness — simple tastes, a certain degree of courage, self denial to a point, love of work, and, above all, a clear conscience. Happiness is no vague dream, of that I now feel certain.

사람은 개인의 노력으로 충분히 행복해질 수 있으며, 행복에 꼭 필요한 몇 가지 재료만 알고 있으면 된다. 소박한 취향, 일정 분량의 용기, 어느 정도의 자제심, 내 일에 대한 사랑, 그리고 무엇보다 떳떳한 양심. 행복은 손에 잡히지 않는 모호한 꿈이 아니며, 내가 갖고 있을 때 확신할 수 있는 것이다.

조르주 상드(George Sand, 1804-1876)의 본명은 아망틴 오로르 뤼실 뒤팽으로, 여성에게는 억압적이었던 당시의 시대적 배경 때문에 남성적인 필명을 사용했다. 19세기 프랑스 낭만주의 문학을 대표하는 여성 작가로 자유로운 태도와 사상을 글과 삶으로 남겼다. 남성 복장을 입고 사교계에 드나들면서 줄담배를 피우고 야외 활동을 즐겼으며 폴란드의 작곡가이자 피아니스트 프레데리크 쇼팽과 맺은 10년간의 연인 관계로도 유명하다.

위 문장들은 상드가 평생 프랑스 및 유럽 각국의 인사들과 주고받은 다수의 편지를 엮어 발간한 서간집 『조르주 상드의 편지(Correspondance)』에 수록된 글이다. 최근에는 말년에 쓴 『내 생애 이야기』가 한국어로 처음 완역돼 출간되기도 했다.

프리다 칼로

words of artists

Feet, what do I need you for when I have wings to fly?
발이라니. 나에게는 날개가 있는데 왜 발이 필요한가?

Pain, pleasure and death are no more than a process for existence. The revolutionary struggle in this process is a doorway open to intelligence.
고통, 쾌락, 죽음은 존재로 향하는 과정에 불과하다. 이 과정에서 혁명적인 지성으로 가는 활짝 열린 문이다.

They thought I was a Surrealist, but I wasn't. I never painted dreams. I painted my own reality.
사람들이 나를 초현실주의자라 생각할지 몰라도 그렇지 않다. 나는 꿈을 그린 적이 없다. 나는 나의 현실을 그렸다.

I the exit is joyful – and I hope never to return.
나는 이 생을 즐겁게 퇴장하려 한다. 그리고 다시는 되돌아오지 않기를.

멕시코를 대표하는 화가 프리다 칼로(Frida Kahlo, 1907-1954)는 생의 마지막 10년이었던 1944년부터 1954년까지 일기를 썼다. 우리나라에도 『프리다 칼로, 내 영혼의 일기(The Diary of Frida Kahlo: An Intimate Self-Portrait)』라는 제목으로 번역되어 있다. 프리다 칼로의 전시회에 가면 전시장 곳곳에서 그림만큼이나 강렬한 문장들도 만날 수 있다.

첫 번째 문장은 1953년 오른쪽 다리 절단 수술 직전에 썼고, 두 번째 문장은 1947년 11월 7일 멕시코 혁명기념일 일기에 적혀 있다. 마지막 문장 또한 사망 직전 일기에 기록되어 있었던 것인데, 인터뷰에서 여러 차례 한 말이기도 하다.

시도니 가브리엘 콜레트

words of artists

Be happy. It's one way of being wise.
행복하라. 현명해지는 한 가지 방법이다.

You will do foolish things, but do them with enthusiasm.
당신은 앞으로 멍청한 짓을 하게 될 것이다. 그러나 열정을 다 해서 할 것.

You must not pity me because my sixtieth year finds me still astonished. To be astonished is one of the surest ways of not growing old too quickly.
예순 살이 된 지금도 나는 여전히 세상에 놀랍니다. 그러니 나를 불쌍히 여기지 마시길요. 놀랄 줄 안다는 건 늙음을 더디게 하는 가장 확실한 방법 중 하나입니다.

시도니 가브리엘 콜레트(Sidonie-Gabrielle Colette, 1873-1954)는 20세기 초 프랑스 문학과 여성 해방에 있어서 혁신적 인물이다. 데뷔작『클로딘』(1900)에서 여성적 욕망과 자유를 솔직하게 그려 인기를 얻었고 세밀하고 감각적인 문체로 유명하다. 여성 최초로 콩쿠르 아카데미 회장이었고 프랑스에서 최초로 국장으로 장례가 치러진 여성 작가였다. 2018년에는 키이라 나이틀리 주연의 전기 영화도 개봉했고, 최근에『슬픔의 금지』(1908)와『셰리』(1920)와 같이 콜레트의 다양한 책들이 앞다투어 번역 출간되고 있다.

첫 번째, 두 번째 문장은 콜레트의 산문, 편지 등에서 자주 등장하여 그의 대표적인 어록으로 여겨진다. 있다. 마지막 문장은 1936년에 여성 최초로 벨기에 왕립아카데미 문학상을 받았을 때 했던 연설 중 한 대목이다.

이사도라 덩컨　　　　　　　　　　　words of artists

For I was never able to understand, then or later on, why, if one wanted to do a thing, one should not do it. For I have never waited to do as I wished. This has frequently brought me to disaster and calamity, but at least I have the satisfaction of getting my own way.

내가 그때나 지금도 절대 이해할 수 없는 건 무언가를 하고 싶은 데 왜 하지 않아야 하는가다. 나는 내가 원하는 것을 미루지 않았다. 그 때문에 종종 파멸과 불행을 겪기도 했어도 적어도 내 뜻대로 살아왔다는 만족감은 있었다.

이사도라 덩컨(Isadora Duncan, 1877-1927) 미국 샌프란시스코에서 태어난 무용가다. 독학으로 무용을 배운 그의 혁신적인 춤은 유럽에서 열렬한 환영을 받았다. 무용가로 활발하게 활동하던 1913년에 자동차 사고로 두 아이를 잃었고, 1922년 16세 연하의 러시아 시인 세르게이 예세닌과 결혼했으나 남편이 자살하면서 사별했다. 1927년 프랑스 니스에서 부가티를 타고 가다 목에 두른 긴 스카프가 뒷바퀴에 감기면서 사망했다. 자살이라고 보는 이들도 있는데, 죽기 직전에 불어로 "안녕, 나의 친구들. 나는 영광으로 간다.(Adieu, mes amis. Je vais la gloire.)"라는 메모를 남겨서다.

우리나라에도 출간된 그의 자서전 『이사도라 나의 사랑 나의 예술』은 솔직하고 대담한 회고록으로, 예술에 대한 신념과 자연에서 배운 춤의 철학이 담겨 있다.

앙리 마티스

words of artists

What I dream of is an art of balance, of purity and serenity, devoid of troubling or depressing subject matter, an art which could be for every mental worker, for the businessman as well as the man of letters, for example, a soothing, calming influence on the mind, something like a good armchair which provides relaxation from physical fatigue.

내가 꿈꾸는 예술은 균형과 순수, 평온의 예술이다. 불안이나 우울한 주제는 배제된, 정신노동자라면 누구에게나, 이를테면 사업가에게나 문학가에게나 마음을 달래고 가라앉혀줄 수 있는, 육체적 피로에서 벗어나 편안함을 주는 좋은 안락의자와도 같은 예술이다.

앙리 마티스(Henri Matisse, 1869-1954)는 강렬하고 거침없는 원색의 야수파의 선구자이자 20세기 미술을 이끈 거장이다. 청년기까지 미술을 공부하지 않았다가 맹장 수술 때문에 병원에 입원했던 스무 살 때 처음 그림을 그리기 시작했다. 말년에 암 수술을 한 후에도 휠체어 생활을 하면서 종이 오리기 미술이라는 새로운 영역을 개척했다.

1908년 발표한 에세이 『화가의 노트(Notes d'un peintre)』에서 마티스는 예술을 위로와 휴식을 주는 안락의자에 비유했다. 예술의 사회적 책임을 회피하는 부르주아적인 미술관이라는 비난을 받기도 했으나 현재에는 치유적 의미로 재해석되고 있다.

메리 카사트   words of artists

I am independent! I can live alone and I love to work.
나는 독립적이다! 혼자 살 수 있고 일을 사랑한다.

I used to go and flatten my nose against that window and absorb all I could of his art.
나는 드가의 그림이 걸린 화랑 창문에 코를 바짝 대고, 그의 모든 작품을 최대한 흡수하려 했다.

I have touched with a sense of art some people—they felt the love and the life. Can you offer me anything to compare to that joy for an artist?
나는 예술로써 몇몇 사람의 마음을 건드릴 수 있었고, 그 사람들의 사랑과 생명을 느꼈다. 예술가에게 이것과 견줄 만한 기쁨이 과연 또 있을까?

I think that if you shake the tree, you ought to be around when the fruit falls to pick it up.
나무를 흔들고자 한다면 열매가 떨어질 즈음에는 나무 밑에서 서성거리고 있어야 한다.

미국의 화가 메리 카사트(Mary Cassatt, 1844-1926)는 미국 출신으로서는 거의 유일하게 인상파 화가로서 자리를 잡은 인물이다. 펜실베이니아주의 부유한 가정에서 출생했고, 집안의 반대를 이기고 필라델피아미술아카데미에서 공부했다. 이후에 파리로 건너가 독학하며 인상파 화가들과의 교류를 통해 본격적으로 활동하기 시작했다. 특히 에드가 드가와 가까운 동료로 지냈고 그의 기법과 구도에 영향을 받았다. 주로 여인과 아동의 세계를 섬세하게 그려내며 자신만의 예술 세계를 구축한다. 여성 참정권 운동을 지지했고 평생 독신으로 살았다. 메리 카사트의 많은 편지와 인터뷰 등이 어록으로 남아 있다.

거트루드 스타인　　　　　　　　　　　words of artists

Rose is a rose is a rose is a rose.
장미는 장미고, 장미고 장미다.

We are always the same age inside.
우리는 언제나 내적으로 같은 나이로 살아간다.

It takes a lot of time to be a genius, you have to sit around so much doing nothing, really doing nothing.
천재가 되려면 많은 시간이 필요하다. 정말 아무 일도 하지 않으며, 그저 가만히 앉아 있는 시간이 무수히 쌓여야 한다.

You look ridiculous if you dance You look ridiculous if you don't dance. So you might as well dance.
춤을 추면 우스꽝스럽고, 춤을 추지 않아도 우스꽝스럽다. 그렇다면 춤을 추는 편이 낫지 않겠는가.

미국 출신의 거트루드 스타인(Gertrude Stein, 1874-1946)은 1900년대 초부터 파리에 정착해 살롱을 열고 피카소, 마티스, 헤밍웨이, 피츠제럴드 등 수많은 예술가와 작가를 지원한 모더니즘 운동의 핵심 인물이다. 앨리스 B. 토클라스와 평생 동성 연인 관계를 유지했으며 토클라스의 자서전을 쓰기도 했다. 우디 앨런 감독의 2011년 영화 〈미드나잇 파리〉에서는 캐시 베이츠가 연기했다.
첫 번째 장미 문장은 스타인의 시 「신성한 에밀리」에서 처음 등장했다. 단순한 듯 난해한 이 문장은 다양한 해석이 가능하겠지만 대체로는 "A는 A다(Things are what they are)"의 의미로 여겨지고 있다. 셰익스피어의 "장미가 다른 이름으로 불려도 여전히 장미다."라는 문장과도 연결시킬 수 있을 것이다. 나머지 세 문장은 『모두의 자서전』(1937)과 『미국 문학사상 선집 1455-1955』에 인용되어 있다.

프랭크 로이드 라이트   words of artists

The mother art is architecture. Without an architecture of our own we have no soul of our own civilization.
예술의 어머니는 건축이다. 우리만의 건축이 없다면, 우리 문명의 영혼도 없는 것이다.

Study nature, love nature, stay close to nature. It will never fail you.
자연을 배우고, 사랑하고, 가까이 하라. 자연은 결코 우리를 저버리지 않을 것이다.

Form follows function – that has been misunderstood. Form and function should be one, joined in a spiritual union.
형태가 기능을 따른다는 말은 오랫동안 곡해되어 왔다. 형태와 기능은 영적인 합일 속에서 하나로 통합되어야 한다.

프랭크 로이드 라이트(Frank Lloyd Wright, 1867-1959)는 미국 근대 건축의 거장, 흔히 20세기 최고의 건축가 중 한 사람으로 꼽힌다. 그는 '유기적 건축(Organic Architecture)', 즉 건축이 자연 환경에 녹아들고 인간의 삶과 밀착된 공간이어야 한다는 건축 철학을 주장했다. 자연 폭포 위에 지어진 낙수장(Falling Water, 1939)과 소용돌이 형태의 혁신적인 뉴욕 구겐하임미술관이 그의 대표작이다.

이 문장들은 로이드의 건축 철학을 대변하는 어구로, 자서전과 강연록에서 여러 차례 강조된다.

오노레 드 발자크 words of artists

Behind every great fortune there is a crime.
모든 엄청난 부 뒤에는 범죄가 있다.

Solitude is fine, but you need someone to tell that solitude is fine.
고독은 상당히 좋은 것이지만 우리에게는 고독이 좋다고 말할 사람이 필요하다.

A woman knows the face of the man she loves as a sailor knows the open sea.
여성은 자신이 사랑하는 남자의 얼굴을 선원이 바다를 읽듯이 알고 있다.

오노레 드 발자크(Honor de Balzac, 1799-1850)는 프랑스 사실주의 문학의 거장으로, 연작 〈인간 희극〉 가운데 『고리오 영감』 『외제니 그랑데』 등이 유명하다.

첫 문장이 영어권에서 유명해진 계기는 마리오 푸조의 1969년 소설 『대부』의 첫 부분에 저자가 인용했기 때문이다. 하지만 『고리오 영감』의 도입부에 등장한 원문을 직역하면 다음과 같다. "설명하기 힘든 어떤 위대한 성공의 비밀이 있다면 완벽히 실행되어 결코 발각되지 않은 범죄다.(The secret of a great success for which you are at a loss to account is a crime that has never been found out, because it was properly executed.)" 따라서 대부의 문장은 작가가 발자크를 읽고 남은 인상을 짧은 문장으로 다시 쓴 것처럼 보이기도 한다. 그러나 현대 자본주의의 현실을 정확하게 꿰뚫고 있다는 점 때문에 잊을 수 없는 문장이 되었다.

미켈란젤로 — words of artists

I saw the angel in the marble and carved until I set him free.
나는 대리석 안에서 천사를 보았고 그 천사를 자유롭게 해주기 위해 조각을 했다.

If people knew how hard I worked to gain my mastery, it wouldn't seem so wonderful at all.
내가 작품을 위해서 얼마나 열심히 애쓰며 일하는 지 사람들이 알기만 한다면 그 작품도 그렇게까지 훌륭해 보이지 않을 것이다.

Art is a jealous thing; it requires the whole and entire man.
예술은 질투가 심한 것. 한 인간의 온전한 전체를 요구한다.

미켈란젤로(Michelangelo, 1475-1564)가 남겼다는 위의 말들은 현재까지도 전해지고 있기는 하지만 정말 그가 직접 남긴 말인지는 모호하다. 첫 번째 문장은 16세기 전기 작가 조르주 바사리의 책 『미술가 열전』 중에서 미켈란젤로가 조각을 '대리석 안에 이미 존재하는 형상을 해방시키는 과정'으로 설명했다는 기록은 있다. 두 번째와 세 번째 문장은 실제로 미켈란젤로가 친구나 제자들에게 쓴 편지에서 구체적으로 드러난 생각이었다. 미켈란젤로는 편지를 굉장히 즐겨 쓴 것으로 유명하며 아버지, 제자들, 교황청 관계자들에게 쓴 500여 편의 편지가 남아 있다. 이중 어록으로 남은 문장들은 영어로 번역되면서 일부 각색되거나 윤문이 되었겠지만, 미켈란젤로의 사상은 그대로 담고 있다. 그의 위대한 작품을 감상하고 르네상스의 예술가 정신을 이해하고 싶을 때 옆에 두면 좋다.

요한 볼프강 폰 괴테

words of artists

It is in self-limitation that a master first shows himself.
대가는 자기 제한 속에서 자신의 모습을 드러낸다.

Whoever always strives with all his might, him we can save.
모든 힘을 다해 분투하는 자가 자신을 구원한다.

One ought, every day at least, to hear a little song, read a good poem, see a fine picture, and, if it were possible, to speak a few reasonable words.
사람은 하루에 적어도 한 곡의 노래를 듣고, 한 편의 좋은 시를 읽고, 한 장의 훌륭한 그림을 보고, 가능하다면 몇 마디 이성적인 말을 해야 한다.

독일 고전주의를 대표하는 문학가 요한 볼프강 폰 괴테(Johann Wolfgang von Goethe, 1749-1832)는 인간 전체를 이해하려고 노력한 르네상스적 인물이다.

첫 번째 문장은『격언과 성찰』, 두 번째는『파우스트』, 세 번째 문장은『빌헬름 마이스터의 수업시대』에 나온다. 흔히『빌헬름 마이스터의 수업시대』를 '교양소설(Bildungsroman)'의 고전으로 꼽힌다. 독일어 'bildung'은 문화적 인격적으로 성숙한 인간이 되는데 필요한 교양을 뜻하며 '짓다, 형성하다(builden)'에서 파생되었다. 그러나『빌헬름 마이스터의 수업 시대』는 일반 독자들뿐 아니라 평론가들조차 완독이 어려운 책으로 꼽기도 한다.

앙드레 지드   words of artists

It is better to be hated for what you are than to be loved for what you are not.
네가 아닌 것으로 사랑받느니 네 자신으로 미움 받는 편이 낫다.

Believe those who are seeking the truth. Doubt those who find it.
진리를 구하고 있는 이들을 믿어라. 진리를 찾았다고 하는 사람을 의심하라.

One doesn't discover new lands without consenting to lose sight, for a very long time, of the shore.
아주 오랜 시간 동안 해안이 보이지 않아야, 비로소 새로운 땅을 발견할 수 있다.

앙드레 지드(Andr Gide, 1869-1951)는 20세기 초 프랑스의 문학의 거장이다. 『전원 교향악』『좁은 문』 등의 대표작이 있으며 1947년에 노벨문학상을 수상했다. 병약하고 내성적인 성격이었고 엄격한 도덕과 종교 규율 속에서 성장했는데 북아프리카 여행에서 해방의 에너지를 느끼고 자신의 성적 지향도 뚜렷이 자각했다. 이후 일기와 자서전에서 자신의 성적 지향과 내적 갈등을 가감 없이 드러내기도 했다. 가장 유명한 첫 번째 문장은 『가을 낙엽들(Feuillets d'automne)』라는 수필과 단상 모음집에 수록된 구절이며 두 번째 문장은 일기, 세 번째 문장은 소설 『위폐범들(Les Faux-monnayeurs)』의 서문 문장이다. 마지막 문장에서 지드는 작품에 대한 과감한 시도와 새로운 문학적 가능성에 대한 뜻을 담았지만, 현대에는 여행이나 모험 관련 명언으로 자주 인용된다. 리더십이나 자기계발 분야 강연에서도 종종 등장한다.

클라라 슈만

I once believed that I possessed creative talent, but I have given up this idea; a woman must not desire to compose—there has never yet been one able to do it. Should I expect to be the one?

나는 한때 내가 창조적 재능을 지녔다고 믿었으나, 이제는 그 생각을 버렸다. 여자는 작곡을 욕망해서는 안 된다. 지금까지 그것을 해낸 여자는 단 한 명도 없었다. 내가 예외가 될 수 있을까?

There is nothing greater than the joy of composing something oneself and hearing it afterwards.

스스로 음악을 작곡하고 나중에 그 음악을 듣는 것보다 더 큰 기쁨은 없다.

Why hurry over beautiful things? Why not linger and enjoy them?

왜 아름다운 것들 앞에서 서둘러야 할까? 천천히 머물면서 음미하면 안될까?

클라라 슈만(Clara Schumann, 1819-1896)은 독일의 피아니스트이자 작곡가다. 로베르트 슈만의 아내로도 유명한데, 그와 결혼하기 전에도 이미 유명한 피아니스트였다. 결혼 후 여덟 명의 아이를 낳아 기르면서도 피아니스트로서의 연주 활동과 로베르트의 작품 초연 그리고 작곡을 이어갔다. 남편 사망 후에도 연주와 교육으로 생계를 유지했다. 1832년부터 일기를 기록해왔고 남편과 함께 일기를 쓰기도 했다. 최근 클라라 슈만을 비롯해 펠릭스 멘델스존의 누나인 파니 멘델스존과 같이 가려진 여성 음악가들의 곡이 다시 연주되고 있다.

words of philosophers

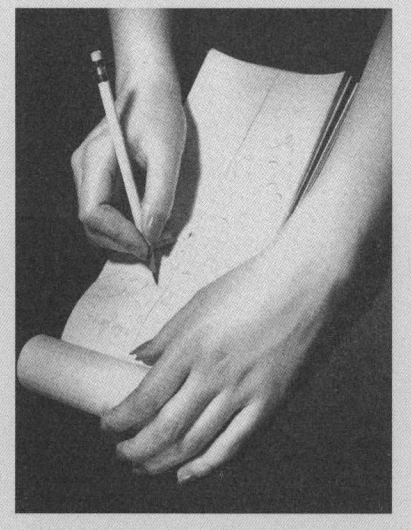

철학자들의 말 °

중력과 은총 시몬 베유　　　　　words of philosophers

Attention is the rarest and purest form of generosity. Attention, taken to its highest degree, is the same thing as prayer. It presupposes faith and love. Absolutely unmixed attention is prayer.

주의란 가장 드물고도 가장 순수한 형태의 너그러움이다.
주의가 가장 높은 차원에 이르면 기도와 다름없다. 주의는 믿음과 사랑을 전제로 한다. 한 점의 뒤섞임도 없는 순전한 주의는 기도다.

시몬 베유(Simone Weil, 1909-1943)는 프랑스의 철학자이자 신비주의적 사상가, 정치 활동가다. 학교를 휴학하고 직접 노동 현장에 뛰어들어 전기 회사, 제련소, 르노 자동차 공장 등에서 일하고 바르셀로나 내전에서 무정부주의자들에 합류하고 프랑스 레지스탕스로도 활동한 '행동하는 지성'이었다. 사후에 『중력과 은총(La Pesanteur et la Grâce)』을 비롯한 여러 저서가 출간되어 지성사에 독창적인 흔적을 남겼다. 알베르 카뮈가 '우리 시대 유일한 위대한 정신'이라고 칭하기도 했다.

시몬 베유에게 '주의'란 단순히 집중하거나 바라보는 행위가 아니라 기도와 사랑과 같다. 억지로 힘을 쓴다기보다는 마음을 비우고 타인이나 진리나 신 앞에 자신을 온전히 열어놓는 행위다. 타인의 말을 경청하거나 예술을 감상할 때 시몬 베유의 주의 개념을 한 번씩 떠올려보는 것도 좋을 듯하다.

심리학의 원리 윌리엄 제임스

words of philosophers

Actions seems to follow feeling, but really actions and feeling go together; and by regulating the action, which is under the more direct control of the will, we can indirectly regulate the feeling, which is not. Thus the sovereign voluntary path to cheerfulness, if our cheerfulness be lost, is to sit up cheerfully and to act and speak as if cheerfulness were already there.

행동이 감정을 따르는 것처럼 보이지만 실제로는 행동과 감정은 함께 움직인다. 우리의 의지가 직접적으로 통제할 수 있는 것은 행동이므로, 행동을 조절하면 감정도 간접적으로 조절할 수 있다. 따라서 만약 기분이 즐겁지 않을 때, 즐거움으로 가는 자발적인 길은 즐겁게 앉아, 즐겁게 행동하고 말하는 것이다. 마치 그곳에 즐거움이 이미 있는 것처럼.

윌리엄 제임스(William James, 1842-1910)는 미국 실용주의 철학자이자 심리학자다. 특히 '실용주의(Pragmatism)'와 '다원주의적 경험주의(Radical Empiricism)'를 강조하며 사람이 현실을 어떻게 경험하느냐는 마음의 태도와 선택에 달려 있다고 보았다. 단순히 자기계발적인 의미가 아니라 의식과 태도가 현실을 형성한다는 철학이다. 또한 "행동이 반드시 행복을 가져오진 않지만, 행동 없이는 행복이 없다."라며 실천과 결단을 강조하기도 했다. 소설가 헨리 제임스의 형이기도 한 그는 대표작 『심리학의 원리(The Principles of Psychology)』(1890)에서 '의식의 흐름(stream of consciousness)'이라는 용어를 처음 고안하기도 했다.

실천이성비판 이마누엘 칸트　　　words of philosophers

Two things fill the mind with ever new and increasing admiration and awe, the more often and steadily we reflect upon them: the starry heavens above me and the moral law within me. I do not seek or conjecture either of them as if they were veiled obscurities or extravagances beyond the horizon of my vision; I see them before me and connect them immediately with the consciousness of my existence.

오래 사유하면 할수록 내 마음을 끝없이 새롭고 깊은 감탄과 경외로 가득 채우는 두 가지가 있다. 하나는 내 머리 위 별이 빛나는 하늘, 두 번째는 내 안에서 울려오는 도덕 법칙. 그 둘을 저 멀리 있는 베일에 가려진 신비나 허영으로 찾지 않는다. 그것들을 바로 눈앞에서 보고, 내 존재의 의식과 바로 연결시킨다.

이마누엘 칸트(Immanuel Kant, 1724-1804)의 『실천이성비판(Kritik der praktischen Vernunft)』(1788)에서 가장 유명한 이 구절은 칸트의 철학을 아우른다고 할 수 있다. 문장과 묘사가 마치 문학 작품처럼 시적 울림을 지니고 있어서 에세이나 칼럼에서도 자주 인용된다. 칸트 철학을 일반 대중을 대상으로 설명하는 글을 보면 '밤 하늘에 빛나는 별, 내 마음 속의 양심' 혹은 '별이 빛나는 하늘과 내 안에 있는 도덕 법칙' 등의 문구를 쉽게 찾아볼 수 있다. 태어난 도시에서 사망했고, 일평생 단 한번도 100마일 이상 떨어진 곳으로 여행하지 않았다는 칸트였기에 반복되는 일상 속에서도 늘 새로운 경외와 경탄을 느낀다는 문장이 더 의미심장하게 다가온다.

자유론 존 스튜어트 밀

words of philosophers

If all mankind minus one, were of one opinion, and only one person were of the contrary opinion, mankind would be no more justified in silencing that one person, than he, if he had the power, would be justified in silencing mankind.

한 사람을 제외한 모든 인류가 같은 의견이고 단 한 사람만이 반대 의견을 가질 때 인류가 그 한 사람을 침묵시키는 것은 권력을 가진 한 사람이 다른 모든 인류를 침묵시키는 것과 마찬가지로 결코 정당화될 수 없다.

존 스튜어트 밀(John Stuart Mill, 1806-1873)은 19세기 빅토리아시대 대표적인 학자이자 사회 개혁가다. 제시된 문장은 『자유론(On Liberty)』(1859) 제2장 생각과 토론의 자유 중에서 가장 유명한 대목 중에 하나로, 신문 칼럼 등에서 소수 의견을 중시해야 한다는 주장을 펼 때 자주 인용된다. 하지만 소수 의견 존중의 차원을 넘어서 표현의 자유가 진리 탐구와 사회 발전에 필수적이라는 신념을 나타낸다고도 볼 수 있다.

국부론 애덤 스미스

words of philosophers

It is not from the benevolence of the butcher, the brewer, or the baker, that we expect our dinner, but from their regard to their own interest. We address ourselves, not to their humanity but to their self-love, and never talk to them of our own necessities but of their advantages.

우리가 저녁 식사를 할 수 있는 것은 정육점 주인, 양조업자, 빵집 주인의 자비심 때문이 아니라, 그들이 자신들의 이익, 즉 돈벌이에 관심이 있기 때문이다. 우리가 사람들에게 호소할 때 그들의 인간애가 아니라 자기애에 기대야 하고 우리에게 필요한 것이 아니라 그들에게 돌아갈 이익을 말해야 한다.

스코틀랜드의 경제학자 애덤 스미스(Adam Smith, 1723-1790)는 자본주의 경제학의 아버지로 여겨진다. 이 문장은 『국부론』에서 가장 대표적인 구절이다. '보이지 않는 손(The Invisible Hand)'의 사상적 기초로 개인이 자기 이익을 추구하는 과정이 사회 전체의 부와 번영으로 이어진다는 논리다.

그러나 국내에서 2017년에 출간된 카트리네 마르살의 『잠깐 애덤 스미스 씨, 저녁은 누가 차려줬어요?』에서 페미니스트 저자는 애덤 스미스의 경제학이 간과하는 돌봄, 가사 노동에 대해 이야기한다. 정육점 주인 빵집 주인이 일하러 갔을 때 부인, 어머니, 누이들은 하루 종일 청소하고 요리했을 것이며, 이 또한 경제발전과 인간의 생존에 절대적으로 중요한 일부다.

수상록 아르투어 쇼펜하우어　　words of philosophers

The art of not reading is a very important one. It consists in not taking an interest in whatever may be engaging the attention of the general public at any particular time. When some political or ecclesiastical pamphlet, or novel, or poem is making a great commotion, you should remember that he who writes for fools always finds a large public. A precondition for reading good books is not reading bad ones: for life is short.

읽지 않는 기술은 매우 중요하다. 특정 시기에 대중의 관심을 끌고 있는 모든 것에 흥미를 거둘 수 있어야 한다. 어떤 정치적 혹은 종교 팸플릿, 혹은 소설이나 시가 유난히 인기를 끌고 있다면 어리석은 자들을 위해 쓰는 사람은 언제나 많은 독자를 거느린다는 사실을 기억하자. 좋은 책을 읽기 위한 전제 조건은 나쁜 책을 읽지 않는 것이다. 인생은 짧다.

아르투어 쇼펜하우어(Arthur Schopenhauer, 1788-1860)의 『수상록(Essays and Aphorisms)』(1851) 3장에서 '독서와 서적에 대하여'에 실린 글이다. 쇼펜하우어의 후기 저작으로, 철학의 '부록' 같은 글들을 모아낸 산문집이다. 무조건 책을 읽으라는 조언은 많지만, 인생은 짧으니 나쁜 책을 걸러야 한다는 조언은 흔하지 않다. 이밖에도 명쾌하고 신랄한 쇼펜하우어의 명언으로는 "행복을 자기 안에서 찾는 것은 어렵지만 그외의 다른 어떤 곳에서도 찾을 수는 없다.(It is difficult to find happiness within oneself, but it is impossible to find it anywhere else.)" "인생은 고통과 권태 사이를 오가는 진자와 같다.(Life swings like a pendulum backward and forward between pain and boredom.)" 등이 있다.

나의 교육 신조 존 듀이

words of philosophers

I believe that education, therefore, is a process of living and not a preparation for future living.

따라서 교육은 살아가는 과정의 하나이지 미래의 삶을 위한 준비가 아니다.

We do not learn from experience, we learn from reflecting on experience.

우리는 단순히 경험을 통해 배우는 것이 아니라 경험을 성찰하면서 배운다.

The self is not something ready-made, but something in continuous formation through choice of action.

자아란 기성품이 아니다. 행동의 선택을 통해 끊임없이 형성되어 가는 것이다.

존 듀이(John Dewey, 1859-1952)는 미국의 철학자이자 교육 개혁가다. 유럽에 피아제와 몬테소리가 있었다면 미국에는 듀이가 있었다고 할 정도로 미국 교육에 큰 영향을 미친 인물이기도 하다. 듀이는 학창 시절 모범적인 학생이었으나, 교육 과정이 고루하다고 생각했고 대학 졸업 후 시카고대학 부속 실험학교를 설립해 초등학생들을 대상으로 학습자의 흥미를 기반으로 한 수업을 하기도 했다.

"교육은 인생을 위한 준비가 아니다. 인생 그 자체다.(Education is not preparation for life; education is life itself.)"라는 명언은 지금도 쉽게 접할 수 있다. 짧고 단호해서 기억하기 쉬운 이 문구는 사실 편집된 것이다. 원문은 1897년에 쓴 『나의 교육 신조(My Pedagogic Creed)』에 남긴 문장이다.

diary

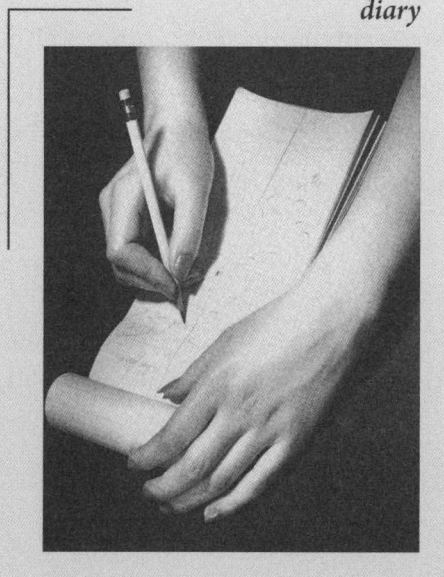

일기 °

안네 프랑크의 일기   diary

It's difficult in times like these: ideals, dreams and cherished hopes rise within us, only to be crushed by grim reality.

I's really a wonder that I haven't dropped all my ideals, because they seem so absurd and impossible to carry out. Yet I keep them, because in spite of everything, I still believe that people are really good at heart.

이런 시대에 산다는 건 쉽지 않지. 이상도, 꿈도, 소중히 간직해온 희망도 냉혹한 현실 앞에서 짓이겨져 버리는 것 같다고 할까.

그래도 말이야. 정말이지 터무니없어 보이는, 실현 불가능해 보이는 나의 모든 이상을 완전히 포기하지 않는 내가 스스로도 놀랍고 신기해. 그것들을 지금처럼 간직하려고 해. 왜냐면 이 모든 어려운 상황에도 불구하고 나는 여전히 사람들 본래 마음은 선량하다고 믿기 때문일 거야.

아마도 『안네의 일기』에서 가장 유명할 이 문장은 안네 프랑크(Anne Frank, 1929-1945)가 열다섯 살 때인 1944년 7월 15일에 암스테르담 은신처에서 체포되기 몇 주 전에 쓴 일기다. 앞으로 닥칠 비극을 생각하면 이 대담한 낙관주의가 안쓰럽게 느껴지기도 하지만 안네의 당시 심경을 읽을 수 있으며 또한 극도로 어려운 환경에서 2년 동안 지내면서 얼마나 내적으로 성장했는지 잘 보여주고 있기도 하다. 늘 일기를 쓰면서 자신이 어떤 생각을 하고 어떻게 세상을 바라보는지 오래 사색한 사람이 내릴 수 있는 결론이다.

루이자 메이 올컷의 일기   diary

1861 April
I've often to long to see a war. Now I have a wish. I long to be a man but as I can't fight, I will content myself with working with those who can.

1861년 4월
나는 오래 전부터 전쟁을 직접 보고 싶었고 이제 소망이 생겼다. 나는 남자가 되어 나가 싸우고 싶지만 그럴 수가 없으니 전쟁에 나간 사람들과 함께 일할 수 있는 것에 만족하려고 한다.

1862 November
Thirty years old. Decided to go to Washington as nurse if I could find a place. Help needed, and I love nursing, and must let out my pent-up energy in some new way. Winter is always a hard and a dull time. If I am away there one less to feed and warm and worry over.
I want a new experience and I am sure to get'em If I go.

1862년 11월
이제 나도 서른 살이다. 워싱턴에 간호사 일자리를 찾을 수 있다면 가려고 한다. 도움의 손길이 필요하고 나는 간호 일을 좋아하며 나의 억눌려 있는 에너지를 새로운 방식으로 발산해야만 하겠다. 겨울은 언제나 지루하고 힘겨운 계절이고 내가 그곳에 가 있으면 먹이고 입히고 걱정할 사람이 한 사람은 줄어들겠지. 나는 새로운 경험을 원하고 가기만 한다면 그 경험을 하게 될 거라 확신한다.

루이자 메이 올컷은 22살 때 처음 작품을 발표해 소설을 쓰면서도 일기도 꾸준히 기록한 것으로 유명하다. 올컷은 실제로 이 일기를 쓴 직후인 12월에 워싱턴의 유니온호텔 병원에서 지원 간호사로 근무를 시작해 병사들을 씻기고 붕대를 갈고 음식을 먹이는 일을 한다. 이때의 경험을 신문에 연재하고 「병원 스케치」라는 제목으로 발표하는데 이 글은 당시 여성 간호사들의 역할을 알 수 있는 역사적 사료로도 매우 중요하다.

'pent-up'은 억눌린, 쌓인, 이란 뜻으로 억눌린 에너지라는 표현은 당시 제한된 여성의 역할에 대해 짐작하게 해준다. 펜트업 효과는 억눌렸던 수요가 급격히 살아나는 현상을 말하기도 한다.

버지니아 울프의 일기   diary

January 2 1931

Here are my resolutions for the next 3 months; the next lap of the year.

To have none. Not to be tied.

To be free & kindly with myself, not goading it to parties: to sit rather privately reading in the studio.

To make a good job of <The Waves>.

To stop irritation by the assurance that nothing is worth irritation [referring to Nelly].

Sometimes to read, sometimes not to read.

To go out yes – but stay at home in spite of being asked.

As for clothes, to buy good ones.

1931년 1월 2일

다음 석 달, 올해의 날들에 대한 나의 결심.

결심 하지 않기. 결심에 얽매이면 안 되니까.

자유롭고, 나 자신에게 친절하기. 모임에 꼭 나가야 한다고 생각하지 말고 그보다 작업실에 조용히 앉아 책을 읽기.

『파도』작업에 매진해 진도를 나가기.

(넬리에게) 짜증 내지 않기. 짜증 낼 가치가 있는 일은 없다는 믿음을 고수하기.

가끔은 책을 읽고, 가끔은 읽지 않는 날도 만들기.

내가 외출하는 건 좋지만 누가 나가자고 했을 때는 가급적 집에 있기로 하기.

옷을 살 때는 좋은 옷으로 사기.

버지니아 울프의 이 일기는 매우 솔직하고 친근하여 그녀의 인간적인 면모를 엿보게 한다. 이 일기와 같은 느낌을 주는 버지니아 울프의 또 다른 문장은 『자기만의 방』의 유명한 문장 "서두르지 말 것. 빛나려고 하지 말 것. 그 누구도 아닌 내가 되도록 할 것(No need to hurry. No need to sparkle. No need to be anybody but oneself)"이다. 또한 나 자신에게 친절하고 싶다는 부분은 1972년 1월 수전 손택의 새해 일기도 떠오르게 한다. "친절, 친절, 친절. 나는 올해는 새해 결심이 아닌 새해 기도를 하고 싶다. 용기를 갖게 해달라고 기도하려 한다.(kindness, kindness, kindness. I want to make a New year's prayer, not a resolution. I'm praying for courage.)"

헨리 데이비드 소로우의 일기   diary

January 9 1854

Make the most of your regrets; never smother your sorrow, but tend and cherish it till it comes to have a separate and integral interest. To regret deeply is to live afresh.

1854년 1월 9일

후회를 최대한 이용하자. 슬픔을 억누르지 말고, 오히려 그것을 소중하게 보살피고 아껴서 하나의 독립적이고 온전한 의미를 지니게 만들자. 깊이 후회한다는 것은 곧 새롭게 살아간다는 뜻이다.

소로우는 『월든』, 『시민 불복종』과 같은 저작을 남겼지만, 그 외에도 25년간 방대한 양의 일기를 남겼다. 특히 자연과 계절의 변화를 기록한 그의 묘사는 매우 세밀하며, 때로는 풍경이나 식물의 그림을 그려넣기도 했다. 또한 일기에는 다양한 감정, 특히 슬픔에 대한 성찰도 자주 등장한다. 소로우가 스물다섯 살 때 각별했던 형 존은 면도칼에 베이는 가벼운 상처로 인한 파상풍으로 사망하고 이에 큰 충격을 받는다. (이때 처음으로 5주 동안 일기도 쓰지 않았다.) 그 이후 슬픔의 본질과 죽음의 법칙에 대해 깊이 사유하고 영적 성장의 기회로 삼는다.

프란츠 카프카의 일기　　　　　　　　　　　　diary

Hold fast to the diary from today on! Write regularly! Don't surrender! Even if no salvation should come, I want to be worthy of it at every moment.

오늘부터 일기를 반드시 쓸 것. 규칙적으로 쓸 것! 굴복하지 말 것! 설령 아무 구원이 오지 않더라도 나는 언제라도 구원받을 만한 가치가 있고 싶다.

Should I be grateful or should I curse the fact that despite all misfortune I can still feel love, an unearthly love but still for earthly objects.

내가 겪은 모든 불행에도 불구하고 또 다시 사랑을 느낀다는 것, 지극히 지상적인 것에 비지상적인 사랑을 느낀다는 사실에 나는 감사해야 할까, 저주해야 할까.

프란츠 카프카(Franz Kafka, 1883-1924)가 1910년부터 1923년까지 쓴 일기는 단순한 일상 기록을 넘어 창작자의 내면에 관한 솔직한 초상으로, 독서 기록과 단편 구상 그리고 꿈과 인간관계와 건강 문제와 같은 수많은 기록이 망라되어 있다. 특히 일기쓰기에 대한 이 짧은 다짐은 규칙적으로 일기를 쓰는 데 거듭 실패하지만 또 다시 일어서려고 하는 이들, 글쓰기가 어쩌면 구원이 될 수 있을지도 모른다고 생각하는 이들에게 위로와 용기의 만트라가 된다.

캐서린 맨스필드의 일기와 노트

diary

To be alive and to be a 'writer' is enough.
살아 있고 '작가'인 것만으로 충분하다.

Ach, Tchekov! Why are you dead? Why can't I talk to you in a big darkish room at late evening—where the light is green from the waving trees outside? I'd like to write a series of Heavens: that would be one.
아, 체호프, 당신은 왜 죽은 건가요? 왜 나는 늦은 밤, 창 밖의 흔들리는 나무로 초록빛이 드리워진 커다랗고 어두운 방에서 당신과 이야기할 수 없는 건가요? 나는 다양한 천국에 대해서 쓰고 싶은데 그것도 내가 생각하는 천국이 될 거예요.

I am tired, blissfully tired. Do you suppose that daisies feel blissfully tired when they shut for the night and the dews descend upon them?
나는 피곤하다. 너무도 황홀하게 피곤하다. 데이지꽃이 밤이 되어 오므라들고 이슬이 내릴 때, 그들도 이렇게 황홀하게 피곤하다고 느낄까?

캐서린 맨스필드(Katherine Mansfield, 1888-1923)는 뉴질랜드 출신의 영국 모더니즘 단편소설 작가로 정교한 심리 묘사와 서정성으로 알려져 있다. 첫 결혼에 실패한 후 문예평론가 존 미들턴 머레이와 재혼하며 그의 문예지에 평론을 기고했다. 그러나 폐결핵으로 34세에 요절했고, 그녀가 남긴 일기와 메모, 편지 등을 남편 머레이가 엮어 1927년 『캐서린 맨스필드 저널(Journal of Katherine Mansfield)』(1927)로 출간했다. 만성 질병 속에서의 글쓰기 고통 그리고 예술에 대한 열망이 담겨 있으며 20세기 초반 여성 모더니스트의 내면 기록으로 문학사적 의미가 있다. 버지니아 울프와 1910년대에 교류하기도 했다. 버지니아 울프는 일기에 그녀에 대한 질투, 존경 복잡한 심경을 솔직히 기록했으며 사망한 후 자신을 이해하는 경쟁자가 사라졌다고 쓰기도 한다.

쥘 르나르의 일기

The only man who is really free is the one who can decline an invitation to dinner without giving an excuse.
진정으로 자유로운 사람은 핑계를 대지 않고 저녁 초대를 거절할 수 있는 사람이다.

Writing is the only profession where no one considers you ridiculous if you earn no money.
글쓰기는 돈을 벌지 않아도 사람들이 우습게 보지 않는 유일한 직업이다.

There are moments when everything goes well; don't be frightened, it won't last.
모든 일이 잘 풀리는 순간들이 있다. 이때 놀라지 말아야 한다. 어차피 오래 안 갈 일이다.

쥘 르나르(Jules Renard, 1864-1910) 프랑스의 소설가이자 극작가다. 어린 시절의 경험을 토대로 써서 발표한 『홍당무』(1894)는 희곡으로도 각색되어 파리에서 상연되자마자 대단한 호평을 받았을 뿐만 아니라 전 세계에 번역되었다. 사후에 전집과 함께 발표된 그의 일기는 훌륭한 일기문학으로서 높이 평가되고 있다. 1887년부터 1910년 사망 전까지 쓴 일기로 거의 모든 글이 짧고 유머러스한 단상으로 이루어져 있다.

letter

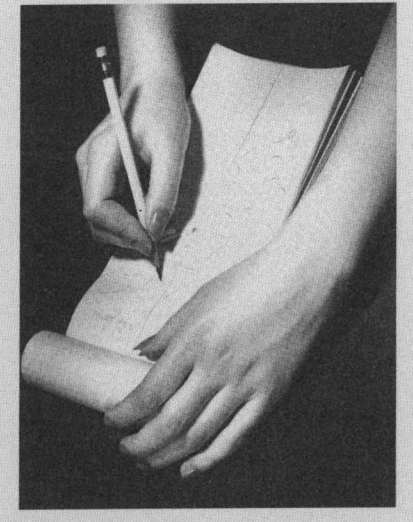

편지 °

캐서린 맨스필드의 편지

I think of you often. Especially in the evenings, when I am on the balcony and it's too dark to write or to do anything but wait for the stars. A time I love. One feels half disembodied, sitting like a shadow at the door of one's being while the dark tide rises. Then comes the moon, marvellously serene, and small stars, very merry for some reason of their own. It is so easy to forget, in a worldly life, to attend to these miracles.

나는 너를 자주 생각해. 특히 저녁 무렵, 발코니에 나와 있는데 글을 쓰거나 무엇을 하기도 너무 어두워 그저 가만히 별만 기다리는 순간 있잖아. 내가 가장 사랑하는 시간이야. 어둠이라는 밀물이 차오르는 동안, 나는 내 존재의 문 앞에 그림자처럼 앉아 있고 반쯤 육체를 떠난 듯한 느낌이 들지. 그때 달이 놀라울 만큼 고요하게 떠오르고 그 뒤를 따라 저들만 아는 이유로 즐겁게 반짝이는 작은 별들도 떠올라. 이 부박한 세상에 살다보면 이런 작은 기적들이 손에 잡힐 듯 가까이 있다는 걸 쉽게 잊는 것 같아.

캐서린 맨스필드가 1921년 10월 16일에 러셀 백작부인(Countess Russell)이라는 두 살 많은 여성에게 쓴 편지로 사랑스러운 이웃이라고 부른 것으로 보면 가깝게 지냈던 친구였던 것으로 보인다. 이 단락 다음에는 인간이 깨어나기 전에 매일 이렇게 비교할 수 없는 아름다운 순간이 존재한다는 것이 놀랍고 우리는 삶의 영광은 피할 수는 없다고, 영광에 항상 참여하고 싶다고 쓰고 있다.

이렇게 매순간을 잡으려고 노력한 것은 아마도 캐서린 맨스필드가 폐렴으로 늘 건강이 안 좋았기 때문일 것으로 보인다. 이처럼 맨스필드의 섬세한 문장들은 최근에도 인스타그램 등의 소셜미디어에 종종 인용되기도 한다.

비타 색빌웨스트의 편지

I shan't make you love me any the more by giving myself away like this —But oh my dear, I can't be clever and stand-offish with you: I love you too much for that. Too truly. You have no idea how stand-offish I can be with people I don't love. I have brought it to a fine art. But you have broken down my defences. And I don't really resent it.

이렇게 나 자신을 다 드러낸다고 해서 당신이 나를 더 사랑하게 만들 수는 없다는 거 알아요. 당신 앞에서는 영리한 척도, 무심한 척도 하지 못해요. 그러기엔 당신을 너무 사랑하는 걸요. 내가 사랑하지 않는 사람들에게 얼마나 쌀쌀맞게 굴 수 있는지 모를 거예요. 거의 예술의 경지랍니다. 하지만 당신은 나의 모든 방어벽을 무너뜨려버리고 그에 대해 아무런 불만도 생기지 않아요.

비타 색빌웨스트(Vita Sackville-West, 1892-1962) 영국 켄트의 귀족 가문에서 태어났다. 시인, 소설가, 전기 작가, 원예가로 색빌웨스트가 가꾼 시싱허스트캐슬가든은 영국에서 가장 아름다운 정원 중 하나로 꼽힌다. 당대에는 흥행했지만 우리나라에서는 비교적 최근에 번역 출간된 대표작 『모든 열정이 다하고』(1931)는 노년 여성 삶에 깊이 있는 질문을 던지는 수작이다. 중성적인 외모의 양성애자였던 색빌웨스트는 일찍이 외교관 해럴드 니컬슨과 결혼해 두 아들을 낳았으나 서로의 성향을 인정하며 개방된 결혼 생활을 했다. 버지니아 울프와는 1920년대에 동성 연인사이였고 소설『올란도』(1928)의 모델이 되기도 했다.

버지니아 울프보다 열 살이 어리기에 존대어로 번역을 했다. 다른 편지에서는 훌륭한 작가이자 인간으로서의 버지니아에게 존경심과 경외심을 표현하는 대목이 많다.

샬럿 브론테의 편지   letter

What shall I do without you? Why are we so to be denied each other's society? It is an inscrutable fatality. I long to be with you because it seems to as if two or three days or weeks spent in your company would beyond measure strengthen me in the enjoyment of these feelings which I have so lately began to cherish. Now I cannot keep you by my side, I must proceed sorrowfully alone.

너 없이 난 어쩌면 좋을까? 우리가 각자 속한 집단은 왜 우리를 갈라 놓은 걸까? 도저히 이해할 수 없는 불행이야. 간절히 너와 같이 있고 싶다. 이틀이나 사흘 아니 이삼 주쯤 너와 함께 지낸다면 다시 강인해질 수 있을 텐데. 그리고 얼마 전부터 내가 소중하게 간직한 감정 안에서 기쁨을 느낄 수 있을 텐데. 네가 내 곁에 없으니 너무 아프도록 외롭구나.

샬럿 브론테와 엘렌 너시(Ellen Nussey, 1817-1897)는 1830년대 청소년 시절에 처음 만나 1855년 샬럿이 세상을 떠나기 직전까지 우정을 나누며 총 500여 통의 편지를 그야말로 종교처럼(religiously) 열렬하게 주고받았다. 그러나 샬럿 브론테가 아서 벨 니콜스와 결혼한 후 보낸 1854년 10월 20일 편지에서 샬럿의 남편이 두 사람의 잦은 편지 왕래를 못마땅해하며 "읽은 다음 태우라"고 말했다는 내용이 들어 있다. '태우라(burn)'라는 글자 밑에는 무려 세 개의 밑줄이 그어져 있기도 하다. 그는 여자들의 우정이 '루시퍼의 성냥'처럼 위험하다며 이런 편지는 간직해서는 안 된다고 주장한다. 엘렌 너시는 일단 그렇게 하겠다고 약속하는 척만 했고 80세에 사망할 때까지 편지를 간직했다. 샬럿 브론테의 일상, 가족 관계, 솔직한 감정과 작가로서 성공하기까지의 과정이 담긴 편지들은 브론테 자매 연구에 귀한 자료가 되고 있다.

베토벤의 편지

Even when I am in bed my thoughts rush to you, my immortal beloved, now and then joyfully, then again sadly, waiting to know whether Fate will hear our prayer — To face life I must live altogether with you or never see you… Oh God, why must one be separated from her who is so dear. Yet my life in Vienna at present is a miserable life — Your love has made me both the happiest and unhappiest of mortals.

잠자리에 누워 있어도 내 생각은 끊임없이 당신에게 달려갑니다, 나의 불멸의 연인이여. 때로는 기쁨으로, 때로는 슬픔으로, 기도를 운명이 들어줄지 기다리며… 삶에 맞서려면 온전히 함께 살거나, 아니면 당신을 다시 보지 말아야만 합니다. 오, 신이여, 어찌하여 이토록 소중한 사람과 떨어져 있어야 한단 말입니까. 지금 비엔나에서의 나의 삶은 참으로 비참합니다. 당신의 사랑은 나를 가장 행복한 존재로 만들었지만 동시에 가장 불행한 존재로 만들었습니다.

베토벤의 '불멸의 연인(Unsterbliche Geliebte)' 편지란 베토벤이 41세였던 1812년 7월 6일 아침부터 7월 7일 아침 사이에 쓰인 세 통의 편지를 말한다. 연필로 적혀 있는 10페이지 정도의 수취인 불명의 이 편지들은 안톤 쉰들러의 사후 경매에 부쳐졌고 현재 베를린주립도서관에 보관되어 있다. '불멸의 연인'이라는 단어는 세 번째 편지인 7월 7일 편지에 한 번 등장하는데 누구를 가리키는지는 오랫동안 논란이 되었다. 1994년도 게리 올드먼 주연 동명의 영화에서는 동생 카스파르의 부인 요한나라는 설정이지만 일반적으로는 안토니 브렌타노, 요제피네 브룬스비크와 줄리에타 귀차르티 세 명이 유력한 후보로 꼽히고 있다.

세라 오언 주잇의 편지

letter

You must find your own quiet center of life, and write from that to the world that holds offices, and all society, all Bohemia; the city, the country. In short, you must write to the human heart, the great consciousness that all humanity goes to make up. Otherwise what might be strength in a writer is only crudeness, and what might be insight is only observation; sentiment falls to sentimentality — you can write about life, but never write life itself. To work in silence and with all one's heart, that is the writer's lot.

당신만의 조용한 중심을 찾은 다음 그 자리에서 세상에 대해 쓰세요. 회사 생활, 사회가 돌아가는 모습, 보헤미안들, 도시와 시골에 대해 모두 쓰세요. 결국 당신이 쓰는 건 인간의 마음, 인류가 만들어내는 하나의 위대한 의식이겠죠. 그렇지 못하면 작가에게 힘이 될 수 있었던 건 조야함이 되고, 통찰이 될 수 있었던 건 관찰이 되고 감정은 그저 감상으로 흐르게 될 지도 모릅니다. 인생에 대해 쓰지만 인생 자체에 대해서는 못 쓸지도 몰라요. 고요함 속에서 온 마음을 다해 일하는 것. 그것이 작가의 운명이죠.

『뾰족한 전나무의 나라』(1896) 같은 대표작을 남긴 소설가 세라 오언 주잇(Sarah Orne Jewett, 1849-1909)은 주로 메인주에서 살면서 지방색이 있는 작품을 썼다. 1908년 20살 이상 어린 후배 작가 윌라 카터를 만나고 둘은 이후 따뜻한 편지를 주고받는다. 주잇은 카터의 단편 소설을 칭찬하며 사무실에서 일만 하면서 시간을 보내느라 정작 써야 할 글을 놓치지 말라고 조언한다. 윌라 카터는 당시 《맥클레어》라는 잡지에 근무하고 있었는데, 주잇은 이듬해 사망하지만 캐더는 몇 년 후 잡지사를 그만두고 서부로 가서 『개척자들』을 쓰고 주잇에게 헌사를 바친다. 주잇이 윌라 캐더에게 보낸 편지에는 많은 작가들에게 영감을 주는 문장이 담겨 있다.

프란츠 카프카의 편지   letter

Dear Milena,
I wish the world were ending tomorrow. Then I could take the next train, arrive at your doorstep in Vienna, and say "Come with me, Milena. We are going to love each other without scruples or fear or restraint. Because the world is ending tomorrow." Perhaps we don't love unreasonably because we think we have time, or have to reckon with time. But what if we don't have time? Or what if time, as we know it, is irrelevant? Ah, if only the world were ending tomorrow. We could help each other very much."

밀레나에게
이 세상이 내일 종말을 맞이했으면 좋겠습니다. 그렇다면 다음 기차를 타고 빈에 있는 당신 집 현관 앞에 도착해 말할 텐데요. "밀레나. 지금 나와 같이 떠납시다. 그 어떤 방해도 두려움도 없이 사랑할 겁니다. 왜냐면 내일 세상이 끝날 테니까요." 어쩌면 우리에게 시간이 많이 남았다고 생각하기 때문에, 시간과 잘 타협하며 지내야 한다고 여기기 때문에 무작정 사랑하지 못하는 것일지도 모릅니다. 하지만 우리에게 시간이 없다면요? 아니면 시간이 아무런 상관이 없다면요? 만약 세상이 내일 멸망한다면요? 그때는 우리는 서로를 도울 수 있을 것입니다.

프란츠 카프카는 생전 많은 편지를 남겼는데 마지막 연인이었던 밀레나 예젠스카에게 보낸 편지를 통해서 그의 말년을 확인할 수 있다. 밀레나가 1919년에 카프카의 소설을 체코어로 번역할 수 있는지 문의하면서 편지 왕래가 시작되었다. 하지만 밀레나는 이미 에른스트 폴락과 결혼한 사이였고, 남편과의 사이가 멀어졌어도 이혼을 할 수는 없었다. 밀레나는 이 정열적인 연서를 소중히 간직했다가 카프카 사후에 편집자에게 넘겨주었다.

빈센트 반 고흐의 편지

Our life, we might compare it to a journey, we go from the place where we were born to a far off haven. Our earlier life might be compared to sailing on a river, but very soon the waves become higher, the wind more violent, we are at sea almost before we are aware of it – and the prayer from the heart arise th to God. Protect me o God, for my bark is so small and Thy sea is so great. The heart of man is very much like the sea, it has its storms, it has its tides and in its depths it has its pearls too.

우리 인생을 여행과 비교하자면 우리는 태어난 곳을 떠나 먼 항구를 향해 나아가지. 우리 어린 시절의 삶은 잔잔한 강 위를 항해하는 것과 같지만 이내 파도는 거세지고 바람은 사나워져. 우리가 채 인식하기도 전에 어느새 드넓은 바다 한가운데 있는 거야. 그때 우리 마음에서 이런 기도가 솟아오르지. 주여, 저를 지켜주소서. 제 배는 너무도 작고, 주님의 바다는 너무도 크옵니다. 그런데 인간의 마음도 바다와 닮지 않았을까. 폭풍이 있고, 밀물과 썰물이 있고, 그리고 저 깊은 곳에 진주도 있겠지.

빈센트 반 고흐(Vincent Van Gogh, 1853-1890)가 스물세 살이던 1876년 11월 3일, 동생 테오에게 쓴 편지다. 고흐가 본격적인 화가의 길을 걷기 전, 유럽 각국의 화랑이나 학교를 전전하면서 종교에 마음을 의탁하던 시기에 쓴 것으로, 인간의 마음 깊은 곳에는 진주가 있다는 표현에서 사람과 삶에 대한 지극한 사랑이 드러난다. 900통이 넘는 편지 중 600여 통 이상이 동생 테오에게 보내는 것으로 반 고흐의 편지 영어 전문은 암스테르담에 있는 빈센트반고흐미술관 홈페이지에서 찾아볼 수 있다.

귀스타브 플로베르의 편지   letter

You're right that sensible people tend to do crazy things. The most serious eccentricities are the product of judicious people, or those who pass for having good judgement. That's why there aren't actors in prison... that profession is an outlet for their insanity. So here is an aesthetic principle a rule for artists : Be regular and orderry in your life like bourgeois, so you can be violent and original in your work.

네 말대로, 이성적인 사람들이 오히려 터무니없는 짓을 하곤 해. 가장 심각한 기행들은 언제나 신중한 이들, 혹은 현명한 판단을 한다고 여겨지는 이들이 하곤 해. 그래서 배우들이 감옥에 거의 없는 건 아닐까. 그들은 자신의 직업으로 충분히 광기를 배출하고 있는 거지. 그러니 내가 예술가들을 위한 미학적 원칙 하나를 말해주자면 바로 이거야. 삶에서는 규칙적이고 정돈되게 부르주아적으로 살아야 예술에서는 격렬하고 독창적일 수 있다.

귀스타브 플로베르(Gustave Flaubert, 1821-1880)의 문학관 가운데 가장 널리 회자되는 것은, 작가는 정확한 단어를 찾기 위해 헌신해야 한다는 '일물일어설(一物一語說)'이다. 더불어 자주 언급되는 것이 삶은 부르주아처럼 규칙적으로 살되, 작품은 격렬하고 독창적이어야 한다는 말이다. 플로베르가 오랜 친구이자 파리 사교계의 살롱을 이끌던 거트루드 테넌트에게 1876년 12월 15일 보낸 편지에 등장하는 말로, 테넌트가 어느 날 아들에 대한 걱정을 털어놓자 플로베르가 이에 답하며 위의 문장을 적었다. 거침없는 작품을 쓰고 광기 어린 연기를 펼치면서도 일상에서는 근면하고 규칙적으로 사는 작가·배우·예술가 들을 이야기할 때 종종 인용되는 문장이다.

라이너 마리아 릴케의 편지　　　　　letter

Be patient toward all that is unsolved in your heart and try to love the questions themselves, like locked rooms and like books that are written in a very foreign tongue. Do not now seek the answers, which cannot be given you because you would not be able to live them. And the point is, to live everything. Live the questions now. Perhaps you will then gradually, without noticing it, live along some distant day into the answer.

마음 속에 아직 해결되지 않은 모든 것에 대해서 인내를 가지십시오. 그리고 물음 자체를 마치 닫혀 있는 방처럼, 낯선 언어로 쓰인 책처럼 사랑해주십시오. 지금 당장 해답을 찾으려고 하지 마세요. 아마도 당신이 해답에 맞추어 살아갈 수 없기 때문에 지금은 해답이 주어지지 않을 지도 모릅니다. 가장 긴요한 일은 모든 것을 내가 직접 살아내는 것입니다. 지금은 그 물음을 살아내십시오. 그러다 보면 차츰 차츰, 자신도 모르는 사이에 언젠가는 해답 속으로 들어가 해답처럼 살아가게 될 것입니다.

라이너 마리아 릴케(Rainer Maria Rilke, 1875-1926)는 프라하에서 태어난 독일어권 서정 시인이다. 육군사관학교에 재학 중이던 젊은 시인 프란츠 카푸스는 릴케 또한 한때 같은 학교를 다녔다는 이야기를 듣고, 자신의 습작시와 내밀한 고민을 담은 편지를 띄웠다. 뜻밖에도 릴케는 정성스러운 답장을 보내왔고, 두 사람은 1903년부터 1908년까지 다섯 해에 걸쳐 서신을 주고받았으며 그 열 통의 편지가 오늘날 『젊은 시인에게 보내는 편지』로 남았다. 예술가로 사는 것의 고독과 아름다움, 불안, 인내에 대한 진지한 조언이 담겨 있다. 위의 편지는 네 번째로 1903년 7월 16일의 편지다. 이 문단 다음에는 자신 안에 행복하고 순수한 삶의 자세를 지니고 있을 테니 그것을 향하여 뻗어가라고, 그리고 다가오는 것을 받아들이라고 쓰고 있다.

제인 오스틴의 편지　　　　　　　　letter

I returned from Manydown this morning, and found my mother certainly in no respect worse than when I left her. She does not like the cold weather, but that we cannot help. I spent my time very quietly and very pleasantly with Catherine. Miss Blackford is agreeable enough. I do not want people to be very agreeable, as it saves me the trouble of liking them a great deal.

오늘 아침에 매니다운에서 돌아왔는데 어머니 건강이 더 나빠지지는 않았고 적어도 내가 떠날 때보다 더 악화되시진 않은 것 같아. 물론 어머니는 추운 날씨가 힘들다고 하셨지만 그건 우리가 어쩔 수 없는 문제잖아.
캐서린과 심심한 듯 고요한 시간을 보냈는데 무척 즐겁기도 했어. 난 블랙포드 양이 적당하게 호감이 가서 참 좋아. 나는 사람들이 지나치게 매력적인 것도 그리 바라지 않아. 왜냐면 사람을 지나치게 좋아하는 것도 품이 드는 일이거든.

제인 오스틴은 두 살 위의 자매 카산드라와 평생 친구처럼 지내며 일주일에 두 번씩 편지를 주고 받았다. 온갖 이야기를 시시콜콜하게 나누었는데, 제인 오스틴 특유의 재치있고 풍자적인 문체가 살아 있어 문학적으로도 가치를 인정받는다. 때로는 자신의 작품 『오만과 편견』을 아이라고 지칭하며 아끼는 모습을 보여주기도 한다. 안타깝게도 제인 사후 카산드라가 사생활 보호를 위해 많은 양을 파기해서 현재 160통 정도만 남아 있지만 영화 〈비커밍 제인〉의 원작은 제인 오스틴의 편지가 중요한 자료가 되었다.

이 편지는 1798년 12월 24일에 제인이 카산드라에게 보낸 편지다. 사람들이 그렇게까지 호감있고 매력적이지는 않아야 그들을 좋아하는 수고를 덜 수 있다는 말은 지금 읽어도 기발한 제인의 위트와 관찰력을 실감하게 한다.

이토록 아름다운 영어 문장들

1판 1쇄 인쇄 | 2025년 11월 24일
1판 1쇄 발행 | 2025년 12월 5일

지은이 노지양
펴낸이 김기옥

경제경영팀장 모민원
기획 편집 박지선, 양영선
마케팅 박진모
경영지원 고광현
제작 김형식

디자인 MALLYBOOK
인쇄제본 민언프린텍

펴낸곳 한스미디어(한즈미디어(주))
주소 04037 서울특별시 마포구 양화로 11길 13(서교동, 강원빌딩 5층)
전화 02-707-0337 | 팩스 02-707-0198 | 홈페이지 www.hansmedia.com
출판신고번호 제 313-2003-227호 | 신고일자 2003년 6월 25일

ISBN 979-11-94777-85-4 03740

책값은 뒤표지에 있습니다.
잘못 만들어진 책은 구입하신 서점에서 교환해 드립니다.